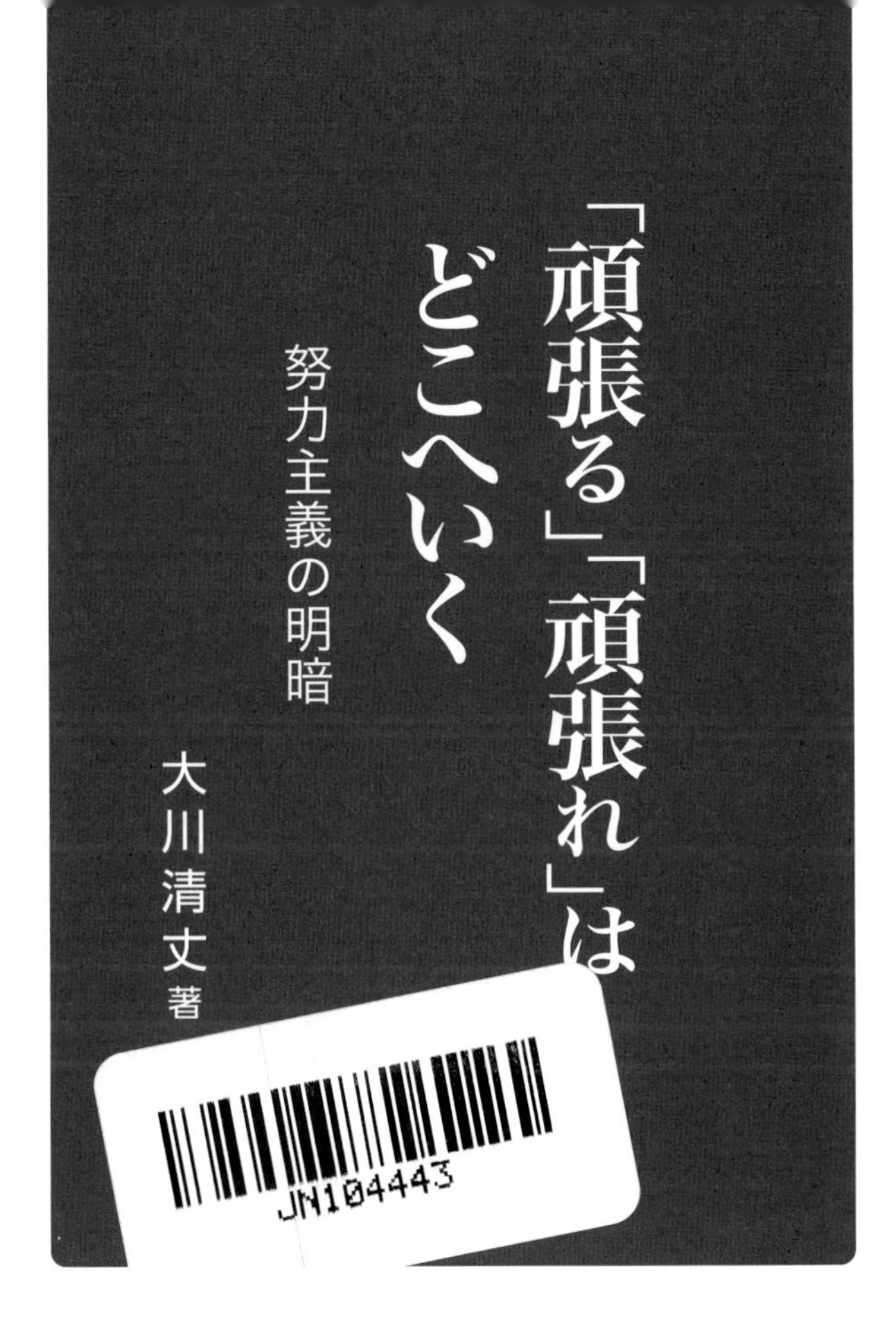

帝京新書
003

まえがき

本書は「頑張る」という言葉に焦点を当てて、現代の日本社会および諸外国の社会のあり方を論じます。「頑張る」とは「忍耐して努力する」ことです。つまり努力と関係しています。

日本の歴史の概要を振り返ると、前近代（江戸時代まで）は身分制＝世襲制により、親の跡を継ぐのが原則であり、努力の余地が少なかったといえます。いくら努力しても家柄が良くなければ「上」の地位へ行けませんでした。近代（明治期以降）になると身分制が廃止され、職業選択の自由が認められ、必ずしも親の跡を継がなくてもよくなりました。個人の能力や「頑張り」（＝努力）次第で出世（上昇移動）することも可能な世の中になったわけです。とはいえ、昭和戦前期までは「頑張り」にはまだ家柄などの「生まれ」の制約が大きくありました。戦後（第二次世界大戦後）になって、「頑張り」

はさらに広がりを見せ、「頑張れ」「頑張ろう」が合言葉の一つになりました。
高度成長期からバブル期までは「頑張り」が報われる機会は多かったといえます。つまり「頑張り」のコストパフォーマンスが高かったということです。バブル崩壊後の日本社会ではいくら「頑張って」も報われないことが、クローズアップされました。コストパフォーマンスが低下したわけです。これは「格差社会」の断面を表しています。そして資産家である親の跡を継ぐ「二世」にはかなわないと考える人が増えました。

このように明治期から戦後、さらにバブル期までは「頑張り」が大きな意味を持ちました。転機はバブルが崩壊した後の平成期以降です。「生まれ」が再び幅を利かせるようになりました。「頑張り」の価値が揺らぎ始めました。

では今後の日本社会で「頑張り」はどのような位置を占めることになるでしょうか。

諸外国の事例が参考になります。アメリカ、イギリス、フランスといった諸外国の社会について「頑張り」のありようを詳しく探っていくと、これらの国々においても努力が重要であることに変わりはないことが分かります。ただし、日本における「頑張り」の内実とは異なります。特に日本では努力を絶対視する努力万能主義がかつて見られました。だからこそ諸外国をモデルに、また、諸外国に見倣い、日本社会における新たな「頑張り」・努力主義を模索する必要があると私は考えます。「頑張り」を相対化し、努力有能主義の立場から始めるのもいいかもしれません。

私自身の「頑張り」についての体験を紹介しましょう。幼少の頃、銀行員である父親の仕事を通して、また母親の家事労働を通して「頑張る」ことの重要性を植え付けられました。小学校・中学校・高校時代は、教員から「頑張れ」と言われるより前にコツコツと物事に取り組む姿勢を身に付けていたと思います。大学受験の際は仲間同士で「頑張ろう」と誓い合いました。特に体育やスポーツの活動で「頑張れ！」と声を掛けたり掛けられたりする機会が数多くあったと記憶しています。「頑張る」「頑張れ」「頑張ろう」は私の日常生活において身近な言葉であったことに間違いありません。ただあまりに日常的過ぎるとまったく見過ごしてしまいます。
学問一般においては、違和感を抱いた時に初めてその言葉が前景化して、研究対象として浮かび上がってくるという特徴があります。

私が「頑張る」を研究対象として意識した経緯はこうです。
1995年1月17日早朝、京都市内の自宅マンションで阪神・淡路大震災を経験しました。関西で地震はまれであったためたいへん驚きました。本棚の本が上から落ちました。記録された京都の震度は5でした。間もなく「頑張れ」「頑張ろう」という言葉をよく聞くようになりました。プロ野球オリックス・ブルーウェーブは神戸に本拠地があり、選手たち（その中心にはイチローがいた）は全員が「がんばろうKOBE」のワッペンをユニフォームに付けました。

一方で被災者に「頑張れ」と言うのは心無いとの声も聞かれました。阪神・淡路大震災が起きる以前は、「頑張れ」の言葉に疑問が持たれることはないか、極めて少なかったと言えるでしょう。それが震災後には疑問が持たれ、疑義が生じました。日本社会の構造に変動があったことがうかがえます。「頑張る」が揺らぎ始めました。

「頑張り」「頑張る」に私が着目するきっかけとなった新聞記事と、ある大学で「頑張り」について私が講義した際の学生の意見・感想メモ（リアクションペーパー）を紹介しましょう。

「頑張り」の言葉が掲載された新聞紙面は１９９５年1月下旬から2月にかけて多く見られました。1月31日に天皇、皇后両陛下は被災地を訪れ、避難所でひざまずいて「頑張ってください」と被災者を励まされたという記事が、「本当にご苦労様でした　頑張ってください　両陛下が被災者を激励」の見出しで日本経済新聞（１９９５年1月31日付夕刊）に載りました。

救助現場で「頑張れ」「頑張って」の声援が響いたことも、読売新聞（同年2月4日付朝刊）の記事に取り上げられていました。見出しは「不自由な口で『ガンバレ』激震の朝…交わされた『最後の言葉』　母娘久々の川の字　『声』続く限り」で、耳が不自由な母親と娘2人が崩れた2階の床と押し入れに挟み込まれ、救助された母親は「うあ・ん・あ・れぇ。うあ・ん・あ・れぇ」（がんばれ、がんばれ）と励ましたものの、娘二人は力及ばず亡くなったという内容でした。

母親を亡くした震災遺児に対して「頑張れよ」とエールを送る例が毎日新聞の同年2月3日付朝刊に紹介されていました。母子4人で暮らしていた一家で母親が亡くなり、幼い3兄妹が残されました。15歳の兄は「お兄ちゃんなんだから、ぼくが頑張らなあかん」と言って、中学卒業後に高校に進学せずに就職するつもりであることを記事の中で語っています。見出しは「頑張れよ　震災遺児　母亡くした幼い3兄妹　兄15歳『春から働く』」です。

日本に定住する外国人が「頑張って」を口にするケースもありました。同年2月25日付の毎日新聞朝刊は「宗教・人種超え『ガンバッテ』 阪神大震災」の見出しを掲げて、イスラム教徒のパキスタン人が神戸市長田区のボランティアとして「二十四時間態勢で温かい紅茶を提供」し、「オバチャン、ガンバッテクダサイネ」と被災者を励ます姿を紹介しました。

中学3年生の長女を震災で亡くした小学校教師の女性に対して、担任のクラスの児童が黒板に「植松先生かなしいけれど がんばってくださいね」と励ましたと報じたのは、同年2月5日付朝刊の読売新聞です。見出しは「植松先生かなしいけれど がんばってくださいね 黒板に幼いエール 長女亡くし立った教壇」となっていました。

奮闘努力した人たちを「頑張った」とほめる記事もありました。神戸市の地元のテレビ局やラジオ局に対して「地元局は頑張った 阪神大震災 営業社員らもカメラの前に」とする見出しを、同年2月2日付夕刊の読売新聞は立てました。

「頑張る」を冠した観光物産のキャラバン「頑張るぞキャラバン」も現れました。編成したのは、被災した淡路島の観光協会員らです。「『頑張るぞキャラバン』東京ドーム前で物産展　あす、淡路島の観光協会員ら」と同年2月18日付の毎日新聞朝刊が取り上げました。

自らを奮い立たせるために「頑張る」と決意表明した人を報じたのは同年2月6日付の毎日新聞夕刊です。震災から3週間ぶりに授業が再開された西宮市立の小学校で、校庭に友達を見つけ駆け出す児童の姿を見た69歳の男性が「大人も頑張らなあかん」と語りました。記事の見出しは「頑張らなあかん　児童の登校再開　避難市民、拍手で出迎え」とあります。

1995年の1月下旬から2月にかけて「頑張る」の言葉を用いた記事が多く掲載されました。震災の発生から半月を過ぎる頃から被災地の様子を形容するのに「頑張る」がふさわしいと考えられたのだと思います。まさしく復旧期にふさわしい表現でした。

被災地の復興が本格化する震災1年後の頃から「頑張る」の言葉をめぐる状況に変化が見られるようになりました。日本経済新聞は1996年1月16日付夕刊で見出し「もう怖くない　ぼく頑張ったよ　大震災　疎開児の1年」の記事で、震災後に避難した疎開児から被災地に届いた便りを紹介しました。その一方で朝日新聞は同年1月7日付朝刊の1面コラム「天声人語」で、「頑張る」「頑張れ」について「このことばの意味合いは、かなりあいまいだ。〔中略〕『頑張れ』には、ときに無神経で残酷な響きがある」と違和感を表明しました。このコラムへ寄せられた読者の感想が4日後、同じ「天声人語」に掲載されました。大きな反響があったことが理解できます。

私たちの日常生活で「頑張る」「頑張れ」が用いられる場合、阪神・淡路大震災の時と同じようにその言葉は励ましであり、声援であり、あいさつであるでしょう。もちろんそれだけではありません。特には叱咤であり、非難であり、有無を言わせない残酷な響きさえ持ち得ます。アマチュアスポーツの世界で聞かれる「負けたのは努力が足りなかったからだ。次は頑張る」は決まり文句の一つです。ひと筋縄でいかない多義的な

「頑張る」「頑張れ」だからこそ、その真相について私は見極めたいと考えました。

　阪神・淡路大震災から16年後、こんどは「がんばろう東北」の声が全国で聞かれました。未曾有の東日本大震災が起きたからです。宮城県仙台市に本拠地を置くプロ野球の楽天イーグルスは、選手がユニフォームに着けたワッペン「がんばろう東北」を一般販売し、売り上げの全額を義援金として寄付しました。札幌ドームで２０１１年４月２日に開かれた12球団チャリティーマッチで楽天の選手がマイクに向かって発したスピーチ「共にがんばろう東北！　支え合おうニッポン！　僕たちも野球の底力を信じて、精いっぱいプレイします。被災地のために、ご協力をお願いいたします」は全国放送され、多くの日本人の心を揺さぶりました。

　２０１６年の熊本地震では人気キャラクターのくまモンが「がんばるけん！　くまもとけん！」と訴えました。くまモンが旗を振る復興シンボルマークは「心を一つに頑張ろう！」と熊本県民に呼びかける姿をイメージしたと熊本県は説明しました。

「頑張る」「頑張れ」の言葉は、自然災害に見舞われた被災地の復旧・復興のスローガンとしてもすっかり定着しました。日本人の心情に真っすぐ届き、日本人の心を一つにする効果があるからでしょう。

では学問や研究が「頑張る」「頑張れ」にどう迫っているのでしょうか。社会学およびその隣接分野において、それらに焦点を当てた先行研究が実はあまりないのです。これだけ広まり定着した「頑張り」「頑張る」を正面から考察した研究は、天沼香（あまぬまかおる）氏の『「頑張り」の構造——日本人の行動原理』（1987年）『日本人はなぜ頑張るのか——その歴史・民族性・人間関係』（2004年）が目を引くだけです。だから私は「頑張る」・努力を切り口にして、日本社会の特徴を本格的に考察し始めました。

さらに諸外国において「頑張り」・努力がどのように扱われているかに注目しました。そこで、アメリカ、イギリス、フランスの社会と日本社会とを比較する作業を進めました。その結果、それぞれの社会における努力の位置づけ、独自性、共通性について考察を深めることができました。比較の作業を通して得られたのは、日本社会の「相対化」そのものでした。日本社会のどこに病巣や問題があるのか、それがどう変容しているのかが浮かび上がりました。「頑張り」・努力の切り口は、社会の真相に迫る「リアルな分析装置」であると私は考えるようになりました。

京都市内の大学の「社会学」の科目で「頑張り」について講義した後、受講生にリアクションペーパーを書いてもらう機会がありました。そのなかに次の内容がありました。

私は中高生の時不登校をしていました。その時周りからよくかけられた言葉が「ガンバレ」でした。この言葉を聞かされるたびに「これ以上何をがんばれと言うのか」と悲しくなりました〔中略〕。

がんばれは私も昔から少し不思議な言葉だと思っていました。〔中略〕昔、不登校の友達にクラスから手紙を書くのがあったのですが、皆がほとんどがんばってと書いているので、変な感じでした。本人もがんばってても無理だったから休んでいるのに〔中略〕。

メモを書いた学生は、一見自明ともいえる「頑張れ」という言葉が、それを言われた本人を苦しめることもあるということに気づいています。身体障がい者、病人、被災者、不登校の児童・生徒といった「社会的弱者」にとって「頑張れ」の掛け声はやはり過酷でさえあるのです。

「頑張る」「頑張れ」が日本社会に顕著な「同調圧力」を生み出し大きくさせているとは断言できません。そういう面はあるかもしれないし、ないかもしれません。計量的な手法を用いれば、ある程度の傾向は見えるかもしれません。その場合でも諸外国との比較において分析しなければ日本社会独自の病巣や問題は見えてこないでしょう。「頑張る」・努力が日本独特のものとは言い切れないからです。日本人だけが「頑張って」いるわけではないのです。「頑張る」の切り口は非常に狭いと感じられる読者がいるかもしれません。それでも深く切っていくことにより見えてくるものがあります、逆に切り口が広いと、時間的・能力的な理由により浅くしか切れないという短所が現れます。

切り口は本来、料理をする際に包丁で切った断面を意味します。切り口が滑らかであったりギザギザであったり、料理をする人の特徴が出ます。私の切り口がどう判断されるのか……。楽しみでもあり不安でもあり、少し複雑な気持ちです。

本書の構成について説明します。第一章から第四章までは日本社会の努力主義を中心に論じています。第一章では頑張りのメカニズム・仕組みを、第二章では第二次世界大戦後の「頑張り」の歴史的変化・トレンドを取り上げます。メカニズムとトレンドという社会学にとって重要なテーマを「頑張り」に焦点を当てて論じ、調理します。

特に第三章では「頑張らない」の言葉が見られるようになった１９９０年代後半以降について、逆に「頑張り」を照射します。第四章では「頑張る」が従来、「真面目に脇目もふらず一心に頑張っている」ことを前提にしてきたことから、私たちの日常生活はいかに営まれているかという観点に立ち、アメリカの社会学者アーヴィング・ゴフマンの研究に基づき「頑張り」そのものを捉え直します。

日本社会とアメリカ社会の比較が第五章に登場します。イギリス社会およびフランス社会との比較が第六章に続きます。それぞれの社会においても努力が決して軽視されていないことが分かるはずです。最後の第七章では近い未来、努力主義はどこへ向かうのかを考えました。

どの章も章だけでまとまりがあります。読者のみなさんがどこから読もうとどこをつまみ食いしようと自由です。「頑張り」・努力はあくまでも研究のきっかけであり、その奥にある社会のメカニズムとトレンドに目を向けていただければありがたいと思います。

（目次）

第一章　頑張りのメカニズム

言葉について調べようとしたら、まずは辞書を引く必要があります。国語辞典で「頑張る」を引いてみましょう。『広辞苑』(第7版)によると、

がん・ば・る【頑張る】(「頑張る」は当て字。「我に張る」の転)①我意を張り通す。「まちがいないと頑張る」②どこまでも忍耐して努力する。「成功するまで頑張る」③ある場所を占めて動かない。「入り口で頑張る」

とあります。「頑張ります」とインタビューに答えるスポーツ選手の用例は②「忍耐して努力する」に当たります。ここでは忍耐、努力、あるいは勤勉という要素がクローズアップされています。

▼辞書からみた「頑張り」

次に和英辞典も調べてみましょう。『新和英中辞典』(第4版)によると、

がんばる　頑張る①〈全力をつくす〉do one's best ……②〈根気よくやる〉persevere（(in, with)）; ……③〈主張する〉persist（(in)）; ……
〈一生懸命に努力する〉do not give up easily〈がんばれ！〉Do your best! Good luck!〈よくがんばった。〉You did a good job.

となっています。いくつかの訳語がならんでいるにもかかわらず私たちが日常的に「頑張れ」「頑張ろう」などと声をかけるニュアンスを一語で正確に伝える英語の言葉はなさそうです。英語①の説明として「日本人はよく『頑張れよ』とはっぱをかけるが、英米人はむしろTake it easy.『気楽にやれよ』と励ますという」と記されています。ここでは〈日本〉対〈英米〉という説明図式が用いられています。英語にないから日本特有であるという考え方は短絡的です。この記述は少なくとも日本とアメリカ・イギリスとが異なっていることを示しています。

「英語にないから日本特有であるという考え方は短絡的」の例を挙げてみます。日本人の心理の特徴としてしばしば「甘え」が指摘されます。これは、精神医学者・土居健（どいたけ）

郎(お)氏の主著『「甘え」の構造』（1971年）に由来します。「甘え」が英語に翻訳不可能だと気づき、「甘え」を日本語特有だという議論を彼は展開しました。自分が「甘え」に着目するきっかけについて次のように記しています。「恐怖症に悩むある混血(原文ママ)の女性患者」の母親で、母親自身は「日本生れの日本語の達者なイギリス婦人」を診察していた時のことであった。患者の幼年時代について、

> 彼女は英語で話していたのに急にはっきりとした日本語で、「この子はあまり甘えませんでした」とのべ、すぐにまた英語に切りかえて話を続けた。

土居氏は「なぜ『この子はあまり甘えませんでした』ということだけ日本語でいったのか」と尋ねたところ、彼女は「これは英語ではいえません」と答えた。この時、彼は「甘え」を一言で表す英語（あるいは欧米語）が存在しないことに気づいた。

それに対して、韓国の李御寧(イオリョン)氏は『「縮み」志向の日本人』（1982年）で土居氏を批判して、韓国語には「甘え」に相当する言葉が二種類あると指摘しました。

李氏の指摘が正しいならば、「甘え」は日本的ではなく、アジアあるいは東アジア共通である可能性が出てきます。英語になくても、韓国語や中国語などアジアの言語について調べる必要があります。

実は中国語で「頑張れ！」に相当する言葉に「加油（ジャーユー）！」があります。以上のように、辞書からみると、忍耐・努力を表す「頑張る」は日本の社会・文化の特徴を探る上で格好の材料を提供していると考えられます。

▼能力平等観

日本の会社組織における序列は、長い間、年功序列制度が特徴でした。能力主義の導入により、年功序列制度の基盤は揺らぎ掘り崩されることになりました。特に一九九一年のバブル経済崩壊がきっかけです。成果主義と能力主義に注目する企業が急増したからです。それまでは個人の能力差を克明に判定し反映する雇用制度は定着しませんでした。一般の人々も個人の能力差に注目することが少なかったといえます。この問題を社会科学的分析の俎上に載せたのは『タテ社会の人間関係』（1967年）を著した社会人類学者の中根千枝氏です。彼女は次のように言います。

> 伝統的に日本人は「働き者」とか「なまけ者」というように、個人の努力差には注目するが、「誰でもやればできるんだ」という能力平等観が根強く存在している。

ここには「誰でもやればできるんだ」＝「誰でも頑張ればできるんだ」という「頑張り」・努力主義と能力平等観との結合が見られます。

この能力平等観の底にあるのは、「極端な、ある意味では素朴（プリミティブ）ともいえるような、人間平等主義（無差別悪平等というものに通ずる、理性的立場からというよりは、感情的に要求されるもの）」です。さらに中根氏は、

> この根強い平等主義は、個々人に（能力のある者にも、ない者にも）自信をもたせ、

努力を惜しまず続けさせるところに大きな長所があるといえよう。〔中略〕／金持ちの息子は苦労がないから、おめでたく、バカで、刻苦勉励（力を尽くし、大変な苦労をして、学問などにつとめはげむこと〈『広辞苑』より─引用者注〉）型が出世するという社会的イメージが、日本人の常識の底流となっている

と述べています。ここからも、日本でいかに「頑張り」・努力主義が根強いかがうかがえます。

そこで、この「能力平等観」すなわち人間の能力は生まれつきあまり違わないという見方に注目してみましょう。この見方は日本の教育について論じられる時にも取り上げられることがあります。

苅谷剛彦（かりやたけひこ）氏は「成績の差を生まれながらの能力の違いとして固定的に見るのではなく、生徒の努力やがんばりによって変わりうるものと見る」能力平等観のもとでは、「だれでもがんばれば『100点』をとれる」とされ、生徒はみな「のびゆく可能性をもつ」

という「能力の可変性への信仰」が存在していると、著書『大衆教育社会のゆくえ』（1995年）で説明しています。

ここで争点になっているのは①能力は遺伝や家庭の文化的背景（例えば、家庭に本が多いことや、家庭内で学問的な話題が多いこと）といった「生まれ」によってある程度決まっているので、人間の能力はそれぞれ異なっている、すなわち能力は不平等に授けられているとみなす「能力素質説」＝「能力不平等観」か②学力差は生まれながらの素質の違いではなく、生得的能力においては決定的ともいえる差異がないと見なすか「能力平等観」か——です。

①の「能力不平等観」は、アメリカ、イギリス、フランスなど欧米で見られます。これら欧米の国々では、能力が「生まれ」によってある程度決まっているという「能力素質説」＝「能力不平等観」が強いといえます。これはアメリカとイギリスでＩＱ（知能指数）を測定する知能テストが広く受け入れられていることにも現れていて、ギフテッ

ドgifted教育＝潜在能力の高い児童の教育が実施されています。英語の動詞giftには「授ける」という意味があります。欧米では、能力は神（あるいは天）から授けられたgifted（授けられた）ものであり、その能力は一人ひとり異なることが前提にされています。

②の「能力平等観」は日本で見られます。アジアでも見られるかもしれません。例えば、日本でも1947年度から54年度までアメリカの強い影響力のもとで、主として心理学者や教育心理学者によって作成された「進学適性検査」が大学入試で実施されたことがあります。ただ、8年間で廃止されました。この適性検査の賛成・存続側と反対・廃止側の論理を検討した腰越滋（こしごえしげる）氏は、素質の存在を認める存続側と素質を認めず努力を重視する廃止側が対立し、後者の意見が通ったため適性検査が廃止されたと分析しています。この分析からも日本では「能力素質脱」が受け入れられにくいことが分かります。

注意してほしいのは「能力不平等観」と「能力平等観」のどちらが良いか悪いかを議

論しているのではないということです。確かに「平等」「不平等」という言葉を使うと、現代の民主主義社会では「平等」の方が良いように感じられます。それは「平等」が民主主義理念の根幹を成しているからです。苅谷氏が言うように、「能力平等観」を認めることが（例えば出身家庭の文化的環境の差といった）「生まれ」による「不平等」を隠蔽することにつながることにも留意しなければなりません。

どのような家庭に生まれたのかによって、学校での成績が違うといった事実は、アメリカのように能力の違いを重視している社会では問題とされやすいのに、日本のように努力を重視する社会ではあまり問題にされない。

（天野郁夫編『教育への問い』所収の論文「能力の見え方・見られ方」）

このように、アメリカやイギリスなど欧米と比較した場合、日本においては「能力平等観」が強く、努力を重んじることが、「頑張る」を私たちが多用することの背景を構成しています。

平等観／能力不平等観について補足説明をします。この二分法は、日本と欧米（特にアメリカ）とを比較して、両者を理論的に極端な形に整理したものです。日本人全員が能力平等観、あるいはアメリカ人全員が能力不平等観というわけではなく、当然のこととして個人差があります。実際、多くの人々は両方の能力観を持ち合わせていて、どちらをどの程度有しているかという、程度の問題になります。

能力と努力の関係を整理してみましょう。

一般的には〈（生まれつきの）能力〉プラス〈（生まれた後の）努力〉の結果として、ある業績が達成されることになります。能力差と努力差が業績の差を生み出すことになるわけです。①の「能力不平等観」では、能力差と努力差の両方を認めているので、業績が得られないこと＝失敗の原因は、能力と努力の両方に求められます。②の「能力平等観」では、能力差を認めない（能力差を過小評価する）ので、失敗の原因は努力差のみ、つまり努力不足に求められることになります。これとは別に、誰もが努力できるわけではなく、努力するための（生まれつきの）能力があるのかどうかという問題もあるでしょう。

スポーツ、特に野球の日米比較でしばしば指摘される点があります。アメリカの大リーグでは、体格（生まれつきの能力につながる）を重視して、練習は個人別のメニューでほどほどに取り組み、本番に最大限の力を発揮することを目指します。それに対して、日本のプロ野球や高校野球では、体格のハンディキャップは練習（つまり努力）によってある程度はカバーされ、特にチームとしての練習を多くすることが重視され（さらに「練習でできなければ、本番でできない」と発想する）、時には「根性」が唱えられることもあります。これは、「スポ根もの」（スポーツ根性もの）のマンガやアニメになっています。

日本の相撲で稽古（つまり努力）が絶対的に重視されることや、小兵（体が小さい）力士でも稽古を積めば大柄の力士に勝てるとされることが、努力重視の一例です。

現実には、日本の野球は１００％努力重視ではなく、ある程度は能力重視も含まれます。すなわちアメリカ的な発想を取り入れていることは確かです。それでも日米の間には相違点が残っていると考えられます。

さらに日米を極端な形で比較すると、アメリカは「結果重視」であり、日本は「プロセス（過程）重視」ともいえます。アメリカではプロセスはどうであれ結果を最も重視するのに対して、日本では結果だけでなく、結果に至るプロセス、つまり努力＝頑張りをも重視することが多いのです。例えば、受験において志望校合格がかなわず、不合格の結果になっても、受験勉強（＝プロセス）において努力していれば、その点が考慮される場合があります。内申書です。保護者や教師が志望校不合格の受験生に「よく頑張ったね」と声を掛けるのは、結果だけでなく、受験勉強というプロセスを重視しているからだと解釈できます。

もちろん日本で結果がまったく重視されないわけではありません。結果とプロセスの両方を見ていると考えるべきでしょう。いずれも日米を比較した場合における「程度の問題だ」と理解してほしいと思います。

▼同調的個人主義

なぜ私たちが「頑張る」のかについて、もう一つの文化的要因が考えられます。それは日本文化に根強く存在する「同調主義」です。この点について多田道太郎氏が著書『しぐさの日本文化』（1972年）で興味深い指摘をしています。この言葉の歴史についての古典的研究は、多田氏によって進められました。1924（大正13）年生まれの本人の記憶によれば、昔、「頑張る」はそれほど使われることはありませんでした。使われても「我に張る」＝「我意を固執してゆずらない」ことを言い、「エゴを主張する」ことで「悪い意味」で使われました。なぜなら「頑張るというのは、共同体の成員の中で、風変わりな自己を主張することであり、共同体のまとまりのため、具合のわるいこと」であったためです。「頑張る」が好感をもたれ、一般化したのは昭和になってからです。

ＮＨＫのアナウンサーがベルリン五輪（１９３６年）で「『前畑ガンバレ』と思わず絶叫し、その素朴な流露が国民の胸を打って、『頑張る』は市民権を得た」とされました。前畑秀子（まえはたひでこ）は女子２００ｍ平泳ぎで日本女性初の金メダルを獲得しました。他方で「前畑ガンバレ」に対する異論を斎藤兆史（さいとうよしふみ）氏が『努力論』（２００７年）で述べています。

標準的な言語使用を心掛けているはずのアナウンサーが、いくら興奮していたとはいえ、あれだけ「頑張れ」を連発していたのである。そのころすでに現在と同じ意味で使われていたと考えるほうが自然であろう。

そして多田によると、

とりわけ戦後、個人主義がほぼ公認のイデオロギーとなると、〔中略〕頑張るということばの隆盛を見るにいたった。〔中略〕戦後の慣用語である「おたがいに頑張ろう」とは、みんなが、たがいにはげましあって我をつらぬくということだ。いわば、同調的個人主義とでもいったものだ。

「みんなが、たがいにはげましあって」の部分が「同調的」であり、「我をつらぬく」の部分が「個人主義」に当たり、両方を合わせて「同調的個人主義」として解釈することができます。

戦後の日本ではアメリカ化が進み、それに伴い個人主義化も進行します。その際、戦前まで日本に根強く存在した集団主義・同調主義が、戦後になってからその対極にある個人主義に変化したと見るよりも、従来の同調主義が個人主義の下支えをしたと見る方が良いというのが多田氏の見方です。「同調」とは「他人の主張に自分の意見を一致させること」(『広辞苑』)を意味し、さらに、「同調」は現在の言葉でいえば、「空気を読む」ことに通じています。同調主義から「同調的個人主義」への変化に際して「頑張る」がいわば「接ぎ木」あるいは「接着剤」の機能を果たしたと見ることもできるのではないでしょうか。この変化と「頑張る」の一般化はマッチしていると考えられます。

そして「おたがいに頑張」っている私たち、いわば「頑張りの共同体（コミュニティ）」こそ、私たちを規制する共同体であったのではないでしょうか。日本における同調主義の歴史的起源を考えれば、『「頑張り」の構造』（1987年）を著した天沼香（あまぬまかおる）氏の言うように、農民が人口の過半数を占めるなかで、水田稲作農耕が行われていたことと恐らく無関係でないでしょう。田植え、刈り入れ、水の管理などの共同作業があり、労働集約型であった農業社会では、同調しない者は排除されたはずです。

「同調しない者は排除された」ことについては、「村八分」が関連します。「村八分」とは、「江戸時代以降、村民に規約違反などの行為があった時、全村が申合せにより、その家との交際や取引などを断つ私的制裁。転じて、一般に仲間はずれにすることにもいう」（『広辞苑』）を意味します。村の十個のつきあいのうち、火事と葬式以外の八個のつきあいを断つことをいいます。また、戦時下に同調しなかった者は「非国民」、つまり「国家を裏切るような行為をする者」（同）と呼ばれました。

そうした流れが背景にあったことも含めて、同調主義から派生した戦後の「同調的個人主義」が、現代の「頑張る」に関連していることを指摘しておきたいと思います。

▼制度的要因

これまで「能力平等観」および「同調的個人主義」が日本における「頑張り」重視と関連があると論じてきました。これらは文化的要因、すなわち「頑張り」の背景を成す要因です。文化的要因は確かにそうした文化を共有する人々に影響を与えるとはいえ、人々に直接働き掛けみんなを「頑張らせる」ようにするとは一概には言えません。

「文化」と「制度」の相違点について考えると、文化（日本文化など）の強制力（直接働きかける力）が弱いのに対して、制度の強制力は強いと指摘することができます。例えば日本文化の影響を受けていない外国人（留学生）が、日本人と同じ選抜システムで受験した場合（つまり特別枠の留学生特別入試でない場合）に、日本人と同様に「頑張る」気にさせられるだろうと解釈します。

そこで「なぜ私たちは頑張るのか?」という問いを「何が私たちを頑張らせるのか?」というもう一つの問いに置き直してみましょう。つまり、「私たちを頑張らせる」仕組み＝制度を探っていくことにします。ここからは、文化が制度によって強化されるという見方から「頑張り」について深く考察した竹内洋氏の二つの著書（『選抜社会』1988年、『日本のメリトクラシー』1995年）の議論を追っていくことにしましょう。

竹内氏によれば、現代社会は社会的成功が試験や面接などで「えらばれる」ことによって得られる「選抜社会」です。「選抜」とは「選び抜く」ことであり、例えば「入試」が「入学者選抜試験」の略であるように、教育などの領域において「選抜」は欠かせません。私たちは人生において、高校入試、大学入試、就職試験、さらには就職後も組織（官庁や企業）における昇進・昇格で「選抜」されます。「選抜は一回かぎりではなく、何回も、あるいは何十回もなされる」。全員が課長や社長に昇進できるわけではありません。そして、選抜されないと「上」の地位に行けない仕組みになっています。

では日本社会において、どんな選抜が繰り返されてきたのでしょうか。

日本の受験における選抜の特徴は「傾斜的選抜」であると竹内氏は述べています。「傾斜的選抜システム」は、日本の標準的な入試・選抜制度です。高校入試で説明すると次のようになります。学区内の各学校の合格偏差値（最高点と最低点の間）を高い方から並べると、小刻みな違いで「傾斜」するグラフを描くことができます。このようにわずかな偏差値の違いで学校が総序列化されている選抜システムを「傾斜的選抜システム」と呼びます。日本の大学入試や高校入試においては偏差値という物差しが誰に対しても明確です。偏差値は小数点第1位まで算出されていて、大学入試においては偏差値の高低によってすべての大学が序列化されています。この点の是非はともかくとしても、小刻みな学校のランク付けによって「傾斜的選抜システム」が形成されているといえます。「傾斜的選抜システム」においては、受験生の偏差値が少しでも上がれば——例えば偏差値60から62に上がった時でも、あるいは偏差値45から47に上がった時でも——1ランク上の大学・高校を目指すことができることになり、そのために上位にいる者も下位にいる者も多くの受験生が「頑張る」気にさせられます。竹内氏は、ある学区を対象とした高校入試をめぐる状況の量的調査に基づき、次のように述べています。

> 生徒が模擬試験などによって偏差値五五と知らされたとき偏差値六八とされる学校への志願は諦めるだろう。しかし頑張れば偏差値六〇の学校に進学できるのではないか、というように却って煽られるのだ。〔中略〕焚きつけの作用は、偏差値上位者だけにとどまらない。中位者や下位者についてもおきる。〔中略〕頑張りズムという日本の学習文化もこのような傾斜的選抜システムとの関連で考察する必要がある。

努力主義の学習文化は選抜構造によって強化されているのである。このように教育において多くの人が「頑張る」気にさせられること、言い換えれば選抜システムが受験生を「頑張らせる」ことを竹内氏は論証したのです。偏差値は50（＝平均値）前後に集中するため必然的に「小刻みな学校ランク」になります。そして「小刻み」なため、各学校の最高点と最低点の間のグラフを作成すると重なる部分が生じて、少しの「頑張り」＝努力によって、1ランク上を目指せるように「頑張る」気にさせられると竹内氏は解釈します。

竹内氏の調査は1991年に実施されました。約30年前と現在（2020年代）とを比較すると、受験をめぐる状況は大きく変わりました。90年頃までは成績上位者・中位者・下位者共に「頑張る」気にさせられました。その後少子化が進み、「大学全入時代」と呼ばれる現在の大学入試では、成績上位者だけが「頑張る」傾向にあります。

▼頑張り・努力主義の現在

それでは日本社会における「頑張り」は現在どのようになってきたのでしょうか。大きな流れで考えた場合、「頑張り」・努力主義は緩やかに下降していく方向にあるのではないかと私は考えています。1999年10月4日号の雑誌『AERA』でも「頑張らない人生」という記事が組まれていました。リードには、

　上を目指す、前へ進む、勝ちにいく――なんてことが「正」だと決めつけていませんか。発想を逆立ちさせてみる。「負」だと思い込んでいた世界に未来が開けるのでは。

とあります。記事では、老人問題に関して価値観の転換を迫る『老人力』を著した赤瀬川原平（あかせがわげんぺい）氏らが取り上げられています。先ほどのリードは、この「正」すなわち「頑張り」的思考法がこれまでいかに私たちを縛ってきていたかを示しています。

「頑張れ」「頑張ろう」というあいさつは今後も残るでしょう。それに対して忍耐・努力・勤勉の内実は、徐々に空洞化していると思えます。空洞化の最大の要因は日本社会が高度成長を遂げて、少なくとも物質的には豊かになったことが挙げられます。忍耐・努力・勤勉は、貧しさから脱却することが最重要課題であったからこそ称揚されたのです。それほど「頑張ら」なくても飢え死にすることがない社会では、人々は耐え忍んでまで努力しようとは思わなくなりました。「頑張り」・努力主義が「豊かな社会」をもたらす一方、他方で「豊かさ」は「頑張り」・努力主義の基盤を掘り崩すよう、作用しました。

「豊かさ」には物質的な豊かさ（衣食住が満たされること）と心の豊かさ（幸せであると感じること）があります。『ＡＥＲＡ』の記事では前者（物質的な豊かさ）を念頭に置いています。物質的に豊かでなくても（つまり貧しくても）心が豊かであることは十分にあり得ます。にもかかわらず物質的な豊かさ（特に食べることに不自由しないこと）が「豊かさ」の前提にあります。

広告コピーにもそれは反映されています。高度成長末期に当たる１９７０（昭和45）年に流行した富士ゼロックスの広告コピー「モーレツからビューティフルへ」は時代の価値観に大きな影響を与えたといわれます。高度成長期に「モーレツ社員」はまさに「頑張って」いました。「モーレツ社員」の生き方に疑問を投げ掛けたこのコピーは時代を先取りしていました。「頑張り」・努力主義に類似した言葉「ハングリー精神」を考えれば理解しやすいと思います。「ハングリー精神」は、食べ物が十分ではない状況でこそ威力を発揮するものの、飽食の時代に「ハングリー精神」は衰えます。同じように、豊かになれば頑張らなくても飢え死にしないので、「頑張り」・努力主義は侵食され、「頑張る」人と「頑張らない」人に分化します。つまり、圧力（プレッシャー）が無くても「頑張る」人はいても、圧力が無いと楽をしようとして「頑張らない」人が現れます。

「ハングリー精神」と「頑張り」・努力主義が衰えたのは、スポーツ選手だけではありません。かつては「頑張り」の代名詞であった受験生もあまり「頑張らなく」なってきました。世代で見れば、高齢世代ほど「頑張る」傾向が強く、若い世代ほど「頑張らない」ライフスタイルを選びやすいように思われます。好不況にかかわらず大学を卒業した後も就職をしないで「フリーター」として生きるというスタイルが目につき始めたのも、このような背景があるからに違いありません。

「頑張り」を支えてきた文化的要因と制度的要因のそれぞれについて変化のトレンド

を見てみましょう。

まず文化的要因についてです。日本社会における同調主義の起源と関係が深い水田稲作農耕に携わる農業人口が減少したことは、「同調主義」の大きな支えがなくなりつつあることを示します。「同調主義」については「空気を読む」という形で現在も広まっているものの、同調主義批判（例えばマイノリティーの権利を主張する傾向など）が現れつつあるため、同調主義あるいは同調的個人主義は必ずしも盤石ではないと考えることができます。

「同調的個人主義」はどうなっているでしょうか。高度成長以後、地域共同体の解体が進み、特に都市部で近所付き合いが希薄になりました。以前は近隣の住民たちが地域の子どもをみんなで育ようという雰囲気や傾向がありました。、子どもの数が減りお年寄りが増えたこともあり、そうした雰囲気や傾向は衰えています。小学校の運動会で町内対抗のリレーや綱引きが実施されることも少なくなりました。地域社会で「互いに頑張ろう」という「頑張りの共同体」は少なくとも都市部ではすっかり影を潜めてしまいました。

「能力平等観」については、これを批判的にみる苅谷氏らの研究がバブル経済崩壊後の「失われた10年」となる1990年代後半に発表されたことを考えれば、従来の能力観は変わりつつあると見ることができます。とはいっても、変化の中身や行先ははっきりしません。日本社会のグローバル化（これはアメリカ化に近いです）に伴い、「機会の平等」と「結果の平等」の双方から能力のあり方を捉えるアメリカ的な「能力不平等観」が日本に紹介されたことも影響しているかもしれません。

さらに「制度的要因」についてもです。特に選抜システムは、竹内氏が指摘するように、「選抜の連続」である人生モデルは、「長期的野心の蒸発と解体」をもたらすことに着目すべきです。なぜなら、この人生モデルは、

なにになるかや、なにをするかの遠い未来の野心を背後に退かせ、目前の選抜のことだけに注意を集中させるからである。

「豊かな社会」の到来とあいまって、このような状況は短期的目標のためにはそれなりに「頑張る」ことはできても、将来どのような職業を目指すかなどの長期的目標を失った人を生み出してしまう傾向があります。誰もが受験に巻き込まれるという受験の大衆化が進んだ現代日本社会では、こうした人が大量に生み出されているといえます。これは「頑張っている」人々のその「頑張り」・努力の中身が変質していることを意味します。

補足しましょう。かつての受験競争はとても激しく、「受験戦争」「受験地獄」と呼ばれていました。大学受験で浪人するのは珍しいことではありませんでした。大げさに聞こえるかもしれませんが、大学受験生は「受験に失敗したら、生き残れない」と考えていました。大変なプレッシャーでした。受験の大衆化（高校・大学進学率の上昇）、少子化（18歳人口の減少）、大学定員の増加、入試科目削減、受験機会の複数化（総合型選抜や学校推薦型選抜の増加）などにより、受験競争は大幅に緩和されました。「受験戦争」や「受験地獄」という言葉を聞くことはなくなりました。「豊かな社会」の到来により、

「傾斜的選抜システム」がかつてほどには強力に作用せず、難関校の受験生（成績上位者）は従来通り「頑張る」気にさせられるものの、それ以外の受験生（成績中位者・下位者）は、「たとえ受験に失敗しても（飢え死にすることはなく）生き残れる」と考え（これは圧力が低下したことを示しています）、選抜システムにあおられなくなり（冷めているともいう）、「それほど頑張らなくてもよい」「ほどほどに頑張ればよい」と考える傾向が強まっているように思われます。

「頑張り」が長期的に変わりつつあることはこれまで論じた通りです。ただ、このトレンドが常に一方向的に縮小する形で進んでいるわけではないことに注意しなければなりません。「頑張り」が突然復活することもあります。個人レベルでも地域レベルでも、国家レベルでも「頑張り」は立ち現れます。格差社会が進展することになるバブル経済崩壊後の東日本大震災で、それは復活し、熊本地震でも見られました。まえがきで触れたようにです。「豊かな社会」の基盤が掘り崩され、私たちがカタストロフィーと呼ばれる破滅的状況、大災害、大惨事に直面した時にそれは頭をもたげるという特徴があります。ですから頑張りのトレンドはまだら模様になりがちです。

日常生活で疑問に感じることが少なかった「頑張り」・努力主義的思考法の仕組みについて、本章は相対的に捉えました。「頑張り」は社会的に構成されたもの、つまり作られたもので、必然的な存在ではないということが分かりました。「社会的に構成された＝作られた」というのは、社会学において「（社会的）構築主義」と呼ばれます。構築主義では、現実は厳然と強固なかたちで存在するというよりも、複数の要因が重なり合うことで生み出される（構成される・作られるということ）、と考えます。逆に言えば、要因が除去されれば、元の現実も変化し得るということです。「頑張り」・努力を促進してきた三つの要因が、逆方向に作用すれば「頑張り」・努力主義は抑制されます。そのことをぜひ理解してほしいと思います。

第二章　頑張りから見た戦後史

本章は「頑張り」を歴史的な視点から分析します。

戦後の日本社会をどのように見るか。このテーマは「頑張る」を分析する際、避けて通れない問題です。「戦後」イコール「第二次世界大戦後」と見るのは日本社会の特徴です。他の国々では必ずしも当てはまりません。韓国や北朝鮮の人々の多くは朝鮮戦争（1950～53年）以後を「戦後」と見るでしょう。私は、ひとまず1945年以降の日本社会をアメリカとの関連で考えたいと思います。アメリカとの関連とは、正確に言えば〈日本から見たアメリカというモデル〉を指します。ですからここでは日米関係全般を扱うのではなく、日本人と日本社会にとってアメリカとは何であったかという視点で考察を進めます。

▼アメリカ・モデル

近代以降の日本は基本的に西洋（欧米諸国）をモデルにしてきました。もともと日本を含む東アジアは中国の文化圏に入っていました。江戸時代（近世）までの日本は中国をモデルとしていました。ただ、「欧米」とひとくくりにすることには慎重でありたいと思います。「欧」のヨーロッパと「米」のアメリカは共通点（例えばキリスト教を基盤にしていること）が多くあります。一方で、ヨーロッパは古代ギリシア・ローマ以来の連続性を持つのに対して、アメリカは「大航海時代」以降成立したという経緯があります。これは大きな違いです。「大航海時代」以降になって、ヨーロッパからの移民がアメリカを作っていきます。それまでは先住民（ネーティブ・アメリカン）が暮らしていました。ヨーロッパ諸国を私たちが旅行するとイギリス、フランス、ドイツなどヨーロッパ連合（ＥＵ）を構成する、あるいは構成していた国にもそれぞれの個性・相違点があることに気づきます。共通点はあるものの、相違点もあるということが重要です。そしてその逆ももちろん重要です。

明治期から昭和戦前期までの間、日本のモデルは特定の一つの国ではありませんでした。明治期には技術や文化を移入するため、欧米諸国から来日した人々が「お雇い外国人」として政府、地方官庁、学校などで雇用されました。医学についてはドイツを、工学についてはイギリス、特にスコットランドをそれぞれモデルにしました。複数の欧米諸国が日本のモデルになっていたわけです。

戦後日本のモデルについては誰もが「アメリカ」と答えるでしょう。戦後の日本人にとって第一の外国はアメリカであり、「外国人」というとアメリカ人を想像し、「外国語」というと英語（米語）を真っ先に思い浮かべます。

日本のモデルがアメリカ一国に収斂（しゅうれん）したのはいつでしょうか。多くの人が敗戦後の1945年以降と考えるに違いありません。ただ「モデル」という言葉を広い意味で捉えれば、恐らく太平洋戦争が始まった1941年（昭和16年）以降であると考えられます。太平洋戦争中、日本にとってアメリカは敵であり、「鬼畜米英」と言って鬼や畜生に例えられる反面教師でした。実は反面教師も一つのモデルであり、マイナスのモデルなのです。敗戦後一転してアメリカは見本となりました。今度はプラスのモデルです。、日本は80年以上も常にアメリカをモデルにしてきたといえます。狭い意味でのモデルはプラスのモデルを指すのに対し、広い意味でのモデルはマイナスのモデルをも含みます。

80年もの間、日本社会が一つの国をモデルにしてきた影響は計り知れません。敗戦により日本を占領した連合国がアメリカを中心にしていたことから始まり、サンフランシスコ講和条約締結後の日米安保体制——現在は日米同盟とも呼ばれています——までアメリカは戦後日本に深く関わってきました。そして今も深く関わっています。その意味で「戦後日本は日米の合作であった」と言われるのも、あながち間違いだとは言い切れないと思われます。

▼平等の日本

日米比較をすると、私たちはどうしても日本とアメリカとの相違点を強調しがちになります。例えば日本の野球とアメリカのベースボールの比較では、西洋から輸入された日本の野球がアメリカのベースボールといかに異なるかについて目がいきます。大リーグでは引き分けがなく、日本のプロ野球では引き分けがあるとよく例に挙げられます。

アマチュア野球ではアメリカがプレイそのものを楽しむのに対して、日本は「精神主義」「根性主義」が幅を利かせているとかです。実はこの場合、違いよりも共通点を話し合う方がはるかに話は弾み、内容が豊かになります。例えば、日本人もアメリカ人も野球（ベースボール）が大好きだ、というようにです。そこから野球が盛んな日米と盛んでない国々との対比ができます。野球とサッカーの違いについても話は広がるはずです。

野球の話からは離れましょう。日米文化の比較を考えるとき、共通の文化的基盤に注目しなければならないことが理解できたと思います。では戦後の日本とアメリカに共通する基盤とは何でしょうか。アメリカの歴史学者J・ダワーが言うように、「平和」と「民主主義」という理想になります。こう述べると「日本の民主主義はアメリカの民主主義とは違う」という反論がすぐに寄せられます。それは相違点に重きを置いた言い方です。必ずしも間違っているわけではないものの、「日本型民主主義も民主主義の一つである」ことを忘れたか、軽視したと指摘できます。日本の民主主義が必ずしも優れているとは言えません。それでも北朝鮮などの独裁体制の国に比べればはるかに民主的であると考えるわけです。アメリカあるいはヨーロッパの民主主義が「正しい」民主主義で、日本を含む非西洋の民主主義はそれから外れた「間違った民主主義」であると見るのは、あまりにも狭過ぎる見方です。より柔軟な発想で文化比較に取り組まないと、結論がステレオタイプ（紋切り型）に終わってしまう恐れがあります。文化の比較を表からも裏からもしてと、複眼的に迫ることが大切です。

民主主義の理念の根幹を成す「自由」と「平等」のうち、「平等」に焦点を絞り日米文化の比較を進めます。平等／不平等は社会学の主要なテーマであり、社会階層・階級研究に関連します。

まず、アメリカにおける平等主義の特徴を考えてみましょう。アメリカは多くの国々からやって来た移民から成り立つ「多民族社会」です。はじめは貧しくても、能力が優れていて努力を積み重ねていけばいつかは成功するかもしれないという「アメリカン・

ドリーム」を移民たちの多くが胸に抱きました。アメリカでは成功の機会が均等に開かれていると信じました。それこそがアメリカにおける平等主義の基調になっています。その一方で、出発点では機会の平等は保証されるものの、生まれつきの能力や努力の多寡により、不平等が結果として生じることは容認されてきたといえます。それに反旗を翻す動きが表面化しました。2011年にアメリカで広がった「ウォール街を占拠せよ」のデモです。スローガンは「私たちは99%だ（We are the 99%）」でした。1%の富裕層と99%の「私たち」を分断した金融資本主義、失業、格差拡大などに対する抗議でした。身を粉にして働けばいつか必ず報われるという「アメリカン・ドリーム」は神話にすぎないことを浮き彫りにしました。残念なことに、抗議活動は数カ月で収束しました。

「生まれつきの能力」について補足しておきましょう。アメリカをはじめキリスト教国では、人間の能力は神によって授けられており、個々人の能力は異なるという「能力不平等観」が強いといえます。これは日本の「能力平等観」とはかなり異なっています。

アメリカの平等主義の基調は第二次世界大戦後に変わりました。黒人が人種差別撤廃を求めた公民権運動や女性解放運動は「結果の平等」を求め、「アファーマティブ・アクション（affirmative action）」と呼ばれる積極的差別撤廃措置に結実しました。これは、差別の対象となっているマイノリティーの集団（黒人や女性など）に対して、雇用・大学入学などについて優先的な取り扱いをすることにより、差別を是正するものです。有色人種や女性らのマイノリティーが優遇されることになったため、その後白人を中心に「アファーマティブ・アクションは逆差別である」との批判にさらされています。

日本の平等主義はどうでしょうか。日本の平等主義を考える際、「人間の能力は生まれつきあまり違わない」とする日本人に根強い「能力平等観」に注目することが重要です。生まれつきの能力に決定的な違いがなければ、すべては努力次第であるからです。そこから「誰でも努力すれば（頑張れば）できるんだ」という「精神主義」「根性主義」が生まれ、支配的になります。

この「能力平等観」を批判する議論が2000年の前後に起きました。小渕恵三首相（当時）が委嘱した「21世紀日本の構想」懇談会報告書（同年1月）に議論の一部が記されています。「英語第二公用語論」が話題になった同報告書は、私たちの「平等感」についても踏み込んでいます。

日本人のもつ絶対的とも言える平等感と深く関わるが、「結果の平等」ばかりを問い、縦割り組織、横並び意識の中で、”出る杭“は打たれ続けてきた。「結果の平等」を求めすぎた挙句、「機会の不平等」を生んできた。〔中略〕「結果の平等」に別れを告げ、「新しい公平」を導入するべきである。個人の能力や才能には差異と格差があることを前提にした上で、業績や将来性を評価する「公正な格差」ともいうべき考え方である。〔中略〕「機会の平等」が保証されなくてはならない。

同報告書では何事についても「横並び」で行く「結果の平等」主義・「横並び平等主義」（これは同調主義に関連します）が批判され、代わりに「機会の平等」を重視すべきであると説かれています。これがアメリカの平等主義の基調をモデルにしていることは明らかです。戦後50年以上経った時点でも、やはりモデルはアメリカなのです。

ここからは敗戦直後から令和の現在までをアメリカ、「平等」、「頑張り」・努力主義の三つの軸で考えてみましょう。敗戦から80年近くを概観するために、四つの時代（局面）――１９４０年代後半、70年代、90年代、２０２０年代――に区分します。

▼１９４０年代後半：占領・復興期

敗戦直後、日本はアメリカを中心とする連合国に占領されました。それまでの大日本帝国憲法に代わり日本国憲法が制定されました。日本国憲法の特徴の一つは「基本的人権の尊重」で、「自由」と「平等」（法の下の平等や男女平等など）の保証がうたわれました。

もっとも戦前期日本にも平等主義が存在していました。昭和初期には都市部を中心に大衆社会化が萌芽的に現れ、大量販売・大量消費、マスコミュニケーションの発達、教育の普及などに伴い、平等化の傾向が見られました。天皇のもとに（天皇以外の）臣民はみな「平等」であるとする「一君万民主義」の思想は、吉田松陰が江戸時代末期に唱え、明治期以降はデモクラシーの支柱にもなりました。「能力平等観」はすでに広がっていたと思われます。

敗戦後には、憲法による平等の保障に加えて、平等主義を強化する原因や背景が存在しました。よく言われるのは「焼け跡の平等」です。戦争末期の米軍による空襲で多くの都市が焼け野原になりました。日本人のほとんどは食料の確保もままならず貧困にあえぎました。このため貧富の格差・不平等が目立ちませんでした。ゼロからの出発は逆に将来への夢と希望を与えました。

学校教育制度が大幅に変更されたことはアメリカとの関連で重要です。戦前までの学校教育制度がヨーロッパをモデルにした複線型であったのに対して、戦後の学校教育はアメリカをモデルにした単線型の「小学校6年・中学校3年・高等学校3年・大学4年」の「6・3・3・4」制に変わりました。

占領期の日本とアメリカとの関係は、アメリカが「勝者」、日本が「敗者」であることが前提です。日本人はアメリカの物質的な「豊かさ」を徹底的に見せつけられ、日本の物質的な「貧しさ」を実感させられました。「貧しさからの脱却」は日本人の当面の目標になりました。目標達成のために私たち日本人は何をすべきでしょうか。どうするべきでしょうか。当時の社会意識として浮かび上がるのは「頑張り」・努力主義です。「頑張る」時代の幕開けです。

整理しましょう。占領期に「頑張り」・努力主義が現れて促進されたのは①社会全体が貧しく不平等が目立たず、比較的「平等」であったこと②日本人みんなが戦争を体験し戦後も食料不足で苦しい時代を過ごす「共通体験」があったこと③日本社会全体で「貧しさからの脱却」という「共通目標」があったこと――が挙げられるでしょう。「平等」「共通体験」「共通目標」の三つが、当時の日本社会における「頑張り」・努力主義を後押ししたと考えられます。

▼1950～70年代：高度成長期前後

1950年代半ばから70年代初めにかけて日本は高度成長を達成し、日本社会は大きく変わりました。「世界の奇跡」と呼ばれ、日本は68年に西ドイツを抜き、アメリカに次ぐ経済大国となりました。

それに先立つ60年、池田勇人内閣は10年間で国民所得を倍増させる「所得倍増計画」を打ち出しました。この計画は前倒しで達成されました。

高度成長期の主な出来事を参考に見てみましょう。

64年10月1日　東海道新幹線（東京～新大阪間）開通（東京五輪開幕に間に合わせた）
64年10月10～24日　東京五輪開催（開会式の10月10日は晴れになる可能性が高いために選ばれた。その後10月10日は「体育の日」の祝日に制定された）
70年3～9月　万国博覧会開催（会場は大阪・千里、現在の万博記念公園）

64年の東京五輪は、日本が戦後復興を遂げたことを世界にアピールする機会でした。実は56年度の「経済白書」にはこう記されています。

> 貧乏な日本のこと故、世界の他の国々に比べれば、消費や投資の潜在需要はまだ高いかもしれないが、戦後の一時期に比べれば、その欲望の熾烈さは明らかに減少した。もはや「戦後」ではない。我々はいまや異なった事態に当面しようとしている。回復を通じての成長は終わった。今後の成長は近代化によって支えられる。そして近代化の進歩も速やかにしてかつ安定的な経済の成長によって初めて可能となるのである。（傍点は引用者による）

この時代の目標は「欧米、とくにアメリカに追いつけ追い越せ」でした。「貧しさ」を少しでも克服し、「豊かさ」を求め、ＧＮＰ（国民総生産）が何％増加したかが注目されました。豊かになれば、結果として貧富の差＝不平等は生じるものの、右肩上がりの経済成長が続く限り、パイの分け前は大きくなり不平等はそれほど目立たなくなります。

高度成長期も前の占領・復興期に続き「頑張り」・努力主義が支配していたと見ることができます。

第一次産業（農林水産業）が中心だったそれまでの産業構造は、第二次産業（鉱工業）・第三次産業（サービス業）中心に変わっていきました。農業従事者の子弟が工場労働者やサービス業従事者になったり、あるいは農業従事者が離農したりする光景が目立ちました。農村から都市への大量の人口移動が起き、農山漁村の過疎と大都市の過密がクローズアップされました。この時期、国民総生産の伸びは年率二けたにも上り、日本社会は「豊かな社会」の仲間入りをしました。

経済学者吉川洋（よしかわひろし）氏によると、「この『高度成長』により、日本経済、日本の社会はすっかり姿を変えた。この間の変化があまりにも大きかったため、今では高度成長以前がどのような国であったのか、想像することすら難しい」（『高度成長』中公文庫）。

吉川氏は高度成長前の１９５０年から高度成長が終焉（しゅうえん）する70年までの20年間にわたる

変化のデータを次のように示している（ただし、高校進学率のデータは「学校基本調査」に基づき引用者が整理した）。

	1950年	1970年
第一次産業従事者	48％	19％ ＊雇用者（サラリーマン等）64％
高校進学率	男子　48・0％ 女子　36・7％ ＊男女間に格差あり。	男子　81・6％ 女子　82・7％ ＊男女間の格差解消。
一人当たり国民所得	アメリカの14分の1（≒約7％）	アメリカの4割
平均寿命	男　58歳 女　61・5歳	男　69・3歳 女　74・7歳 ＊世界のトップレベル

高度成長は他方で「公害」という副作用を伴いました。水俣病、イタイイタイ病、四日市ぜんそくなどが挙げられます。現在「公害」の言葉を使わなくなったのは公害問題が解決したというよりも、環境問題の言葉に置き換えられたり含まれたりするようになった面があります。公害の原因が企業・工場から家庭へと移り、大気汚染や水質汚濁、自然破壊などをもたらす企業の代わりに、私たちが運転する車の排気ガスや化石燃料に依存する過剰消費が地球温暖化を加速させていると指摘されています。

高度成長期の変化に日本人の意識があります。日本人の多くが自分を「中流」だ考えるようになりました。旧総理府（現内閣府）の「国民生活に関する世論調査」に「お宅の生活程度は、世間一般から見て、上、中の上、中の中、中の下、下のどれに入ると思いますか」という質問がありました。回答のうち「中」のいずれか（すなわち、中の上十中の中十中の下）に属すると答えた人は、調査が始まった1958年に72％だったのに対し、73年には90％を超えました。これについてマスメディアは「一億総中流」「九割中流」と報じました。第一次石油危機が73年に起き、翌74年に経済成長率が戦後初めてマイナスを記録しました。高度成長は終わりを告げるまでは、貧富の差・不平等は見えにくく、「結果の平等」化が進んだということになります。74年の高校通学率が初めて90％を超えて90・8％を記録したのも「結果の平等」化の現れです。

高度成長期の高揚した社会の気分は、1979年に出版されたエズラ・ヴォーゲルの代表作『ジャパンアズナンバーワン』を例に説明することができます。同書はアメリカ人のための日本論として書かれました。アメリカではそれほど注目されず、日本でベストセラーになった異色の本です。実は出版前年の78年から第二次石油危機が始まります。それでも79年の実質経済成長率（GDPベース）は5・5％になりました。石油の国家備蓄が始まり、省エネと石油代替エネルギーの開発が進んだ結果などといわれています。多くの日本人はヴォーゲルの著書について「アメリカ人が日本を『ナンバーワン』として認めた」と受け取りました。高揚して冷静な判断ができなくなっていたのでしょう。現在から振り返ってみても、日本人の自己満足であったと考えられます。傲慢とも思えるこの態度はバブル経済期に再び、姿を現します。

経済成長期の一番の特徴は、それまでの日本人の「頑張り」・努力が報われ、成果が結実した時代であったと見ることができるでしょう。アメリカに追いつき物質的な豊かさを手に入れるという目標は、ある程度達成されました。皮肉なことに目標を達成したことにより第一章で述べた通り、「頑張り」・努力主義は下降傾向に入りました。1940年代後半から高度成長期が「頑張る」時代であるならば、70年代は必死に頑張らなくても生きていける時代という意味で、「頑張らなくてもよい」時代と名づけることができるかもしれません。

▼1990年代：バブル経済崩壊以降

日本経済は1980年代の前半、安定成長を保ちました。後半は後に命名された「バブル経済」期に当たり株価や地価が高騰し、企業は海外不動産を買いあさりました。日本人の多くが絶好調の日本経済に自信を深め、日本型経営が海外から注目されたことも加わって日本人の自己満足は自信過剰とうぬぼれに変わりました。それは「頑張り」・努力主義に暗い影を落とします。濡れ手に粟で利益を上げた人たちが相次いだことで資産・所得格差が拡大し、不労所得の増大は勤労意欲を減退させました。高齢社会の到来と生活大国を目指す国民の志向性が拝金主義と重なり「真面目に働くことがばかばかしい」状況になりました。コツコツ働く、コツコツ勉強することの意味が大きく揺らぎます。従来の「頑張り」・努力主義は危機に直面したわけです。

1991年、株価と地価が下落しバブル経済は崩壊しました。景気は冷え込みました。長期の不況はそれ以降、「失われた10年」と呼ばれ、次には「失われた20年」、そしていまや「失われた30年」といわれています。これに対しアメリカは90年代を通じて好景気を維持しました。日本経済に衝撃が走ったのは、97年から98年にかけて三洋証券、北海道拓殖銀行、山一證券、日本長期信用銀行、日本債券信用銀行が次々と経営破綻し、日本が金融危機に陥ったからでした。日米が経済の覇権を競い合う「日米経済戦争」は、アメリカが再び勝者となり、日本は敗者となりました。アメリカは世界経済において「一人勝ち」したともいわれます。日本が敗者になったとはいえ、40年代の敗戦後の状況、あるいはさらにさかのぼって29年に始まった世界大恐慌のときの状況とはまったく異なりました。日本人が飢えることはなかったからです。90年代はあくまでも「豊かさの中の不況」でした。

教育分野に目を移すと、2000年は高校進学率が95・9%とほぼ「高校全入」状態となり、大学進学率も49・1%に達しました。特に大学は大衆化かつ娯楽化したといわれます。

「頑張り」・努力主義はさらに存在感を失って下降していきました。「『がんばる』基盤の消滅」を言い出す研究者も現れました。理由の一つは、「豊かさ」がある程度維持されていたことです。もう一つは、二世政治家あるいは二世のスポーツ選手の活躍に見られる「二世ブーム」により、「いくら頑張っても血筋にはかなわない」とする「頑張り」の報われない状況が生まれていたことです。「頑張り」の目標であった「物質的な豊かさ」が達成された後、日本社会の新たな目標について国民の間で合意が形成されていないことも「頑張り」・努力主義の衰退に拍車を掛けました。

「頑張り」と豊かさの間には両立できない関係性があります。パラドックス（逆説）と言ってもいいでしょう。頑張って豊かになれば頑張らなくなる。でも頑張らなければ豊かになれない――。バブル経済はその関係性を切り崩しました。頑張らなくても豊かになれる。豊かになるには錬金術を使えばいい。「頑張り」は必要ない。バブルがはじけた代償は高くつくことになります。アイデンティティを一度喪失するとそれを回復するのは容易ではないからです。ここから「頑張り」・努力主義は漂流を始めます。

漂流は当然の帰結でした。「頑張り」・努力主義は人々の間に存在する「平等」「共通体験」「共通目標」の三つに支えられていたからです。バブル経済は、濡れ手で粟により甘い汁を吸う拝金主義を日本社会に醸成しました。他人を出し抜くことに快感を覚え、出し抜かれた人をあざける風潮が広がりました。「平等」「共通体験」「共通目標」の三つは根腐れしたのです。

この時代を「頑張り切れない時代」と私は名づけました。「頑張り」・努力のコストパフォーマンスが低下して「頑張りが報われない時代」の特徴についてすでに触れました。以前と比べて、いくら頑張ってもその「頑張り」への見返りは小さくなるばかりで、見返りそのものが目には見えにくくなったのです。

▼平成期から令和期へ

社会学者の小熊英二(おぐまえいじ)氏は戦後日本の時期の区切れとして、１９５５年前後・73年前後・91年前後を挙げています。55年は高度成長の開始および、日本の政治において（日本社会党と自由民主党が結成された）「55年体制」が成立した年に当たります。73年には高度成長が終焉した。91年は国際的には冷戦の終結（ソ連の解体）、国内的にはバブル経済崩壊および、昭和から平成への代替わり（１９８９年）に近いことが関連しています。

経済学者の佐伯啓思(さえきけいし)氏は新聞への寄稿（「異論のススメ――失敗重ねた『改革狂の時代』平成の30年を振り返る」２０１９年1月11日付朝日新聞朝刊）で平成時代の30年を次のように振り返っています。

日本経済の低迷の理由はすべて改革の遅れにある、という言説が支配する。驚く

べきことに30年たっても同じことが続いているのだ。まさしく「改革狂の時代」というほかないであろう。〔中略〕

平成の幕開けは、世界的には冷戦の終結と重なっていた。つまり平成とは、冷戦以降の世界状況への対応の時代でもあった。〔中略〕

冷戦以降の世界は何かといえば、巨大なグローバル市場の形成であり、世界的な民主主義の進展であり、ＩＴ革命と金融革命である。〔中略〕

（日本のさまざまな改革は――引用者注）ことごとく失敗に終わったというほかない。

〔中略〕

経済構造改革にもかかわらず、この30年間は経済停滞とデフレに陥ってきた。

佐伯氏の言う「改革」は、「頑張り」とも解釈できます。平成の30年間の「改革」という「頑張り」は、確かに「頑張って」きました。ただ、「頑張る」方向を間違っていたのではないでしょうか。「共通目標」をどうするのかという点で間違っていたということです。だから今後は、「豊かな社会」においてどのような方向へ「頑張る」のがよいのかを考える必要があります。

ＮＨＫ放送文化研究所が5年おきに実施している継続調査によれば、全体的に「未来志向」が減り、「現在志向」が増えています。右肩上がりの経済成長が続いたバブル経済期（おおよそ昭和期）までは、現在よりも未来が良くなると信じられていました。それに対して経済成長が停滞した平成期以降は、現在よりも未来が良くなるとは信じられてはいません。未来は現在と同じか、あるいは現在より悪くなると思われています。現在は苦しくても未来のために「頑張る」ことが前提であった「未来志向」から、未来のために「頑張る」よりも現在を楽しむ「現在志向」へ変化したと解釈できます。「頑張り」・努力主義が希薄になっている証拠だといえます。

格差社会の進展は、教育における「頑張り」のあり方に影響を与えます。教育社会学者松岡亮二（まつおかりょうじ）氏の著書『教育格差――階層・地域・学歴』（２０１９年）はそれに一石を投じています。同書によれば、日本は「凡庸な教育格差社会」であり、戦後日本社会は大きく変動したものの、いつの時代にも教育格差があるとしています。

教育格差の階層ごとに「頑張り」の意味やその果たしてきた役割は、異なる可能性があります。特に「格差世襲」が叫ばれる現在、階層ごとに「頑張り」のどこが共通しどこが異なるのかを見極める必要があるかもしれません。それは「頑張らない」のどこが同じでどこが違うかを表すことにもなるでしょう。

これに関連してユニークなエピソードがあります、SNSのスラングとして2021年の「新語・流行語大賞」トップ10に選ばれた「親ガチャ」です。子どもは親を選択できず、家庭環境によって人生を左右され振り回されることをカプセルトイのガチャガチャ（くじ引き）に例えた造語です。

「親ガチャ」が大学入学共通テストに出題されたとSNS上で大きな話題になりました。2023年1月に実施されたテストの倫理の問題をめぐってです。

問題は「第4問　高校生GとHが交わした次の会話を読み、後の問い（問1～9）に答えよ」で始まります。会話のやりとりを紹介しましょう。

G：すごい豪邸…、こんな家に生まれた子どもは運がいいね。不平等だな。

H：生まれた家とか国とか、個人が選べないもので差があるのは、不平等だとしても変えられないよ。与えられた環境の中で頑張ることが大事だよね。この家の子どもだって、社会で成功できるかどうかは本人次第だと思う。

G：いや、その子どもも、家が裕福なおかげでいい教育を受けて、将来お金を稼げるようになったりするでしょ。運の違いが生む格差は、社会が埋め合わせるべきだよ。

H：それって、幸運な人が持つお金を不運な人に分け与えるということ？　運の違いなんて、そもそも社会のあり方と関わる問題だとは思えないけど。

G：そう？　例えば、運よく絵の上手な人が漫画家としてお金を稼げるのは、漫画を高く評価する文化が社会にあるおかげでしょ。人の才能も、社会のあり方によって、運よくお金になったり運悪くお金にならなかったりするよ。

H：なるほど。けど、才能を成功に結び付けるのは社会だけじゃないよ。漫画家も才能を磨いてプロになるわけでしょ。そうした努力については、個人を評価するべきじゃない？

G：一理あるね。ただ、努力の習慣が身に付くのも運による面はあるよ。地元の学校が「褒めて伸ばす」方針で、何事も頑張って取り組むようになったとか。努力できるようになるかどうかは、社会の仕組みや構造に左右されると思う。

H：それはそうかも。ただ、同じ境遇でも、苦学して立派になる人もいればそうでない人もいるし…。最終的には、努力は個人の問題じゃないかな。

G：するとHは、運の違いが生む格差は全て、個人が努力で乗り越えるべきだと言うの？　幸運な人と同じだけ努力した不運な人が、格差のせいで幸運な人に追い付けないようだと、不運な人の努力は評価されていないとも言えるよ。

H：確かに…。ただ、努力も全て運次第だからという理由で、努力する人がしない人と同じ扱いを受けるとしたら、それはやっぱり不公平じゃないかなあ。

Ｇ：そうだよね…。次の倫理の授業が終わったら、先生にも聞いてみようか。

本書の問題意識から考えると、「頑張り」・努力主義が格差社会において、運／不運、平等／不平等とどう関わってくるかという問題になります。個人の家庭・教育環境、社会の仕組み・構造が相互に絡み合い、結局、「頑張り」は報われるのか、あるいは報われるべきなのかということになります。この問題を解くカギは二つあります。アメリカ社会に代表される「機会の平等」と「結果の平等」という視点です。令和時代に顕著になりつつある「頑張り」・努力主義の漂流は、格差社会における運と不運、平等と不平等、機会と結果のせめぎ合いの帰趨（きすう）によって、その行き先が見えてくるのかもしれません。

第三章　頑張る／頑張らないのパラドックス

物質的に豊かな社会の到来により「頑張り」・努力主義が後退するのなら、バブル経済崩壊後の長期の不況によってそれは復活するのでしょうか。

確かにバブルが崩壊して以降、日本経済は低迷し続けています。とはいえ、餓死者が出るような事態にはなっていません、豊かさがある程度まで確保されているからです。「豊かな不況」の中で「頑張り」・努力主義の位置づけも変化しつつあると考えられます。端的に言えば、「頑張り」・努力主義が後退した代わりに、それとは反対の「頑張らない主義」が表面化しつつあるということです。これは成熟社会の特徴だといえるかもしれません。

▼頑張らない主義

「頑張らない」ことを主題にした書籍・雑誌・CMなどが1997年前後から目立つようになりました。

例えば「頑張らない人生――ネガティブ思考のススメ」（『AERA』1999年10月4

日号）と題した雑誌記事のリードには、

上を目指す、前へ進む、勝ちにいく――なんてことが「正」だと決めつけてませんか。発想を逆立ちさせてみる。「負」だと思いこんでいた世界に未来が開けるのでは。

と書かれ、記事には赤瀬川原平（あかせがわげんぺい）氏らが取り上げられています。彼は著書『老人力』（1998年）で老人に対する価値観の転換を促したことで知られています。同書の帯には次のように記されています。

ろうじん-りょく【老人力】物忘れ、繰り言、ため息等、従来、ぼけ、ヨイヨイ、耄碌として忌避されてきた現象に潜むとされる未知の力。

ふつうは歳をとったとか、モーロクしたとか、あいつもだいぶボケたとかいうん

だけど、そういう言葉の代りに、
「あいつもかなり老人力がついてきたな」
というようにいうのである。

と記し、「歳をとることに積極性」を見いだしました。

宇宙船で人生に突入し、幼年域―少年域―青年域、と何とか通過しながら、中年域からいよいよ老年域にさしかかる。そうするといままで体験されなかった「老人力」というのが身についてくるのだった。

老人になることをマイナスとしか考えてこなかった従来の価値観に対して、根本的な疑問を投げかけています。

京都精華大学が発行する評論誌『木野評論』は2000年の31号で「特集：頑張らない派宣言―ネガティブに生きる」を組みました。「二〇世紀は、大いなる『頑張りの時代』であったと言えるのではないか？」と問題を提起して、21世紀は「頑張りの時代」を克服すべきであると主張しました。目を引くのは哲学者で評論家の鶴見俊輔氏が「日本と『ガンバリズム』」、漫画家のしりあがり寿氏が「『がんばる』とか『がんばらない』とか。」と題した一文を寄せていることです。

▼無理をしない

人生論の分野でも、「頑張らない」ことをテーマにした本が相次いで出版されました。ノンフィクションライター衿野未矢氏のノンフィクション『あなた、がんばり過ぎてない!?』（1999年）は、取材先が20代・30代の女性、読者層も20代・30代の女性を想定していました。

「がんばる」のはいいことだと、私たちは思っている。／でも「がんばる＝いいこと」と単純に思っていいのだろうか？

疲れぎみだったり、何もかもがうまくいかなかったり、いらだっていたりする時は、「私はがんばり過ぎていないか?」と自分に聞いてほしい。無意識のうちのがんばりや、一見誠実な、でもじつは「むくわれる」ことを期待してのがんばりが、あなたを追い詰めていることがある。

自分の人生を真剣に考え、迷い、答えを出そうとしているあなたは、ほんとうは「自分の尺度」を持っているはずだ。無理ながんばりや、無意識の追い詰めで見えにくくなっているんだ〔中略〕と気楽に考えて、失いがちな自信をとりもどそう。

同書は現代女性の置かれた状況を「頑張り」を切り口に考察し、「がんばり過ぎ」からの脱出を勧めています。

さらに介護においても「がんばらない」ことを扱う本や記事が増えています。読売新聞には2003年7月から06年12月まで「私のがんばらない介護生活」が連載されました。04年に発売されDVD『がんばり過ぎない　がんばらない介護のすすめ』について、企画・制作を担当した東映株式会社教育映像部は「在宅で介護する場合、寝食を忘れてがんばるあまり、心身に変調をきたしたり、孤立して余裕も作り出せず介護に追い詰められていくケースが増えています。自ら介護を一人で背負い込まず、無理なく介護を進めるポイントを紹介します」と説明しています。『正々堂々がんばらない介護』（05年）や『がんばらない介護』（17年）のタイトルが付いた介護関連図書が相次いで出版されています。厚労省によれば、介護・看病疲れによる自殺者は22年に３７７人に上りました。うち男性は２２８人、女性は１４９人でいずれも50歳以上の中高年が中心を占めました。

経済界でも、家電量販店大手のケーズホールディングス（茨城県水戸市）は「がんばらない（＝無理をしない）経営」を経営方針に掲げています。「無理をして自分以上の力を出すことは短期的には可能であっても、終わりのない会社経営には適切ではなく、無理をすれば必ずその反動があると考えます。お客さまにご満足いただくためにあるべき姿に向かって、正しいことを無理せず、確実に実行していく経営方針を『がんばらない経営』と表現しています」と同社は説明しています。

▼がんばらない本のヒット

介護関連図書以外でも「頑張らない」ことをタイトルにした一般書が注目され、ベストセラーを記録するケースが出ています。鎌田實(かまたみのる)氏の『がんばらない』(2000年)もそのうちの一冊です。先端的な地域医療を実践してきた諏訪中央病院の院長時代のエッセーです。「知的ハンディをもつ人々が暮らす施設かりがね学園の『風の工房』でつくられている作品を中心に、五十ほどの作品」が病院内のあちこちに掛けてあり、その中に「がんばらない」という書があります。

ぼくら医療者が重症な患者さんに、つい口に出してしまう言葉「がんばろう」「がんばりましょう」この言葉に勇気を奮い立たせる患者さんがいる反面、精いっぱいがんばって、がんばって末期をむかえてきた患者さん(がん患者ら――引用者注)にとって、がんばれという言葉はとても傷つけることがある。

最初、この「がんばらない」という文字を見たとき、ぼくははっと胸をつかれた。

知的ハンディをもった西沢美枝さんたちの「がんばらない」「生きている」「ありがとう」「ぼくのたましい」という作品は、力みのない悠々とした筆づかいとともに、すごい迫力をもってぼくらの医療のあり方に問題提起をする。

「あなたは、あなたのままでいい」「競争しなくてもいいですよ」と語りかけているようだ。

このエッセーには、従来の医療を見直す一つの解答が示されています。鎌田氏が「がんばらない」に出合った時のことについて、著書『「がんばらない」を生きる』（2011年）で触れています。

1998年夏、社会福祉法人「かりがね福祉会」の職員の関孝之さんに会いました。そこは「障がい者が地域で暮らす」という理想のもとに設立されました。知的障がい者の人たちが通う「風の工房」をも担当する関孝之さんと会って話をしていた時です。障がいを持つ人たちの作品を彼は取り出し、最後に見せたのが「がんばらない」の書でした。

「がんばらない」という書の作品は、関さんが、中度の知的障がいを持つ西沢美枝さん（当時三十歳）にリクエストしたものだ。「がんばる、がんばる」が口癖の西沢さんは、「がんばらないなんて言っちゃだめだ」と、最初は嫌がった。関さんは「おねげーですから」と土下座して頼み、西沢さんは、「じゃあ、がんばって『がんばらない』書くぞ！」と答えた。苦労して書きあげると、「なんだか気が楽になった」。それから、西沢さんは何枚も「がんばらない」を書いた。

鎌田氏は「西沢さんの作品に出合った日、ぼくの内側で『がんばらない』が少しずつ像を結び始めました。〔中略〕この言葉にこだわることで、この国のあり方や二十一世紀の生き方を問いたい」と思ったそうです。

▼頑張らないキャンペーン

岩手県が2001年に始めた「がんばらない宣言　いわて」は、「頑張り」・努力主義の価値観を自治体が率先して問い直そうとした画期的なキャンペーンです。「頑張り」・努力主義は人々の間に存在する「平等」「共通体験」「共通目標」の三つに支えられていると第二章で説明しました。この「共通目標」こそ、キャンペーンをけん引した増田寛也知事（当時）が地方から独自に追求したものでした。

増田氏は2004年2月、秋田県庁に招かれた講演会でキャンペーンの狙いについて解説しています。

ここで問いかけているのは、今までよく頑張れ、頑張れと言っていたその頑張る方向を、ベクトルの方向を頑張りませんということで否定したということです。大変回りくどい言い方をしていますが、20世紀の大量生産・大量消費、大量廃棄しているような効率優先・貨幣経済一辺倒のような、そういう方向性として頑張れ、頑張れと言ってきたことを否定した言葉として使っています。だから先ほど言いましたようなスローライフとかスローフードとかペレットストーブの開発、東京的な価値観から言えば間伐材は全然経済的な価値はありませんから、それは山の中においておけということになる。でも、いつか大雨が来れば全部川の方に流れてきて、大変な災害を起こしますし、それでなくとも岩手県の場合は80％が森林資源ですから大変もったいない。見方を変えれば、それがペレットストーブとして有効活用できるのではないか。ただ、経済的にはペレットストーブは成り立ちません。価格が高いのです。配送のところも今いろいろ研究していますが、十分な形ではまだうまくいきません。〔中略〕

要するに頑張れ、頑張れと言って向かっているベクトルの方向をもう一度考え直して、それで新たな方向に努力をするとか新たにそれに向かって汗を流していくということ、そこをもう一度再確認したいと思います。私どもは行政の方向として東京と同じ方向を向いて金太郎飴みたいなまちづくりはしたくないし、お金をかけて何か全部それで解決するような行政もやりたくない。地域力をしっかり見ていくとか、そういうことで行政を展開していきますという、我々の志というか、心意気を言葉に込めて申し上げたものです。まだ、県内でも随分議論はあります。ありますがそれを言って初めて自分たちで、じゃあ自分たちの地域の価値は何だろうかとか、外の人達も岩手の価値というのは一体なんだろうかということを初めて気がついたり、議論をしてくれたりするものです。こういう「がんばらない宣言」という言葉自身を提起したということは、言葉、ワーズの力というのは非常に大きいなということを改めて思いましたし、これを契機に私も自分で気がつかないようなことをこれからもっと行政の中に取り込んでいければなと思っています。

「がんばらない宣言　いわて」に寄せられた意見は賛同や支持ばかりではありませんでした。２００4年12月の定例県議会で、増田知事は保守系議員から厳しく追及されました。質問と答弁は次の通りです。

私は、岩手県の人々は、明治維新後賊軍と言われ、長い間僻地と言われながらも、夢と希望を持って頑張り、その心が岩手の人間性をつくってきたのであり、いまだに私はがんばらない宣言は納得していないと（取材に来た米紙ウォールストリート・ジャーナルの東京特派員に――引用者注）話しました。

〔前略〕アメリカで、この新聞の6月30日の一面準トップに、増田知事の写真入りでこのことが報道されました。この記事の表題に、岩手県は今まで成功しなかったから頑張らないと決めたとあります。私は英語に不案内ですが、ｔｏ ＧＩＶＥ ＵＰと書いてあります。ＧＩＶＥ ＵＰ。要するに、増田知事には不本意と思いますが、どんなに頑張っても岩手は明るい見通しがないので、がんばらない宣言をしたと読めるのであります。そして記事には、日本で頑張らないというのは、アメリカで自由に反対することと同じぐらいおかしいことだと。〔中略〕最後の方に丁寧にも、増田知事自身は、朝6時から7時には起きて、7時半から夕刻6時、7時まで働いて、土曜日も日曜日も働いて、自由時間は余りなく、毎日頑張っていると書いてあります。

〔前略〕平成12年度から15年度の4年間に、この宣言のために約1億9500万円を全国紙中心に広告費を支出しております。これは、1年平均約5000万円の多額の出費であります。この広告に対する全国からのはがきなどによる反応は、4年間で2万3862通とのことですから、計算すれば1通当たり約8200円の費用がかかったことになります。今、県財政が極めて厳しく、職員削減と経費節減のために各事業を見直し、零細な補助金を廃止して県民に忍従を求めているときに、この4年間で約2億円もの広告宣伝費の支出は妥当にして必要不可欠な経費でしょうか、増田知事にお伺いします。

これに対し増田知事は次のように答弁しました。

従来はともすれば見過ごされてきた地域の潜在力を発見、発掘し、これを発揮させていこうという取り組みが県内各地域で脈々と今起こってきております。こうした動きをさらに後押しをしていきたい。そして、こうした地域の力を対外的に発信していくことがこうした取り組みをさらに強力に進めていくことにつながると考えておりまして、岩手の地域の持つ力を対外的に積極的に発信し、そしてまた後押しをしていく、そのためにこのがんばらない宣言が提唱している岩手らしい価値観を大いに世の中に伝えていきたいと考えている。

「頑張り」・努力主義とは正反対の「頑張らない」・脱努力主義の思想が、地方創生と深く結びつくとき、私たち日本人の「共通目標」は「成長」から「持続的発展」に変換していくと考えられます。その変換は努力主義と脱努力主義のせめぎ合いによるため、まだら模様を形成せざるを得ません。県議会における増田知事と保守系議員の攻防はまだら模様の象徴だといえます。

「がんばらない宣言 いわて」について、文化人類学者の辻信一（つじしんいち）氏は著書『スローライフ100のキーワード』（2003年）で解説しています。

増田知事によれば、「がんばらない」とは、地域がこれまでのように東京とかニューヨークとかのモノサシで、「ないもの」を数え上げて、それらを得るために他の地域と競争するのではなく、「あるもの」を再発見することを通して、それぞれの地域の「身の丈」や個性やペースに合った発展の道を開いていくことだ。

辻氏の言うように、「頑張らない」には地方創生、地方文化の再発見、身の丈に合ったやさしい暮らしを想起させます。「がんばらない宣言　いわて」は、国連が掲げる持続可能な開発目標（ＳＤＧｓ）の先取りだったことが分かります。

「頑張らない」を主題にした本や雑誌、キャンペーンが1997年以降に集中しているのは、先に触れたように97年から98年にかけて証券会社や銀行の経営破綻が連続したことが背景にあります。赤瀬川原平氏の『老人力』の雑誌初出は97年でした。頑張りたくても頑張れない。もう頑張りたくもない。そうした気分が日本に広がっていました。リバイバルプランと呼ばれる日産自動車のリストラ計画が発表になったのは99年です。3年間で20％のコスト削減を求め、2万1000人の人員削減方針を打ち出しました。終身雇用制度が崩壊の淵に追いやられました。

▼スローライフ

スローライフを提唱する辻氏は著書『スロー・イズ・ビューティフル』（2004年）で、なぜ頑張らなくてはいけないのかと呼びかけ、「スピード」や「ファースト」に価値を置く現代日本社会のあり方に疑問を投げかけます。

このスローということばに、ぼくは現代用語の「エコロジカル（生態系によい）」とか、「サステナブル（永続性のある、持続可能な）」とかの意味をこめています。

「遅れている」や「ゆっくりであること」や「がんばらないこと」が湛えている

豊かな意味へと、何度でも、何度でも帰っていきたいと思う。

特に辻氏は「疲れ、怠け、遊び、休むことの復権」を説き、「世に怠惰学がないのが実に残念で、経済学があるのに、どうして怠惰学がないんだろうと思う」と述べたフランス文学者の多田道太郎（ただみちたろう）氏を「スロー学のパイオニア」（『スローライフ100のキーワード』）と呼びます。「頑張らない」人はいまや「怠け者」として正しく認知され、正しく評価されるわけです。というのも「遅れている」「ゆっくりであること」「がんばらないこと」の究極の姿が、「怠け者」に違いないからです。いよいよ日陰者の復権です。

宗教評論家のひろさちや氏も、のんびり・ゆったりの価値観を再発見するよう求めます。

（日本人は――引用者注）経済成長ばかりを考えて生きてきたのです。日本人の合言葉は、

――がんばれ、がんばれ――

でした。経済成長のために、「のんびり、ゆったり」と生きる幸福を犠牲にしてしまったのです。

（『がんばらない、がんばらない』２０１４年）

第四章　儀礼としての頑張り

第一章から第三章まで「頑張り」「頑張らない」についてさまざまな視点から論じてきました。これまでの議論を社会学理論と結び付けて、「頑張り」を別の視点から考察します。特にカナダ生まれのアメリカの社会学者アーヴィング・ゴフマン氏の研究に沿ってみましょう。

▼「頑張り」研究の系譜

「頑張り」・努力主義は、主に教育社会学の分野で論じられてきました。苅谷剛彦(かりやたけひこ)氏は努力主義のイデオロギー性を次のように指摘しています。

日本の教育を対象とした議論は、努力主義を強調し「だれでも同じように学校での成功に向けてがんばる(がんばらせる)しくみ」が作動してきたというイメージをつくり上げてきた。しかし、いまや私たちは、そうした努力主義、より正確にいえば、努力＝平等主義がひとつのイデオロギーにすぎないと指摘できる。〔中略〕このイデオロギーの巧みさは〔中略〕社会階層の影響を、努力が平等に存在する

「だれでもがんばれば…」という幻想によって隠蔽してきたことにある。

（『階層化日本と教育危機』）

志水宏吉（しみずこうきち）氏は著書『学校文化の比較社会学』（２００２年）で、日本とイギリスの中等教育を比較し、人間の社会行動のゆくえをその内側から規制する観念の束であるとされる教育「エートス」について両国の対比をし、その中で日本＝「努力主義」、イギリス＝「能力主義」であり、日本の社会は努力を重んじるのに対して、イギリスでは生得的な能力の違いに敏感に反応すると論じました。

本田由紀（ほんだゆき）氏は『多元化する「能力」と日本社会』（２００５年）で、１９８９年と２００１年に実施した小・中学生への調査結果に基づき、１９９０年代以降、「がんばり」の内実が変化していることを指摘しました。

「がんばり」の内実は従来の「閉じた努力」から、新しい「開かれた努力」へと変質しつつあると考えられるのだ。「閉じた努力」が、受験勉強を典型とするような、与えられた目標に向かって反復練習などを通じて自分自身の単線的な向上を遂げることを意味していたのに対し、ここでいう「開かれた努力」とは、その時々の周囲の状況に応じて自分のあり方や目標を自ら選び取り、それに向かって最大限の力をつくすような行動特性を意味している。〔中略〕「努力」そのものが「行動としての努力」から「能力（あるいは資質）としての努力」へと変化しつつある。

「努力」概念を苅谷のようなイコール「勉強」という見方から拡張して考える必要がある。〔中略〕「勉強」以外の側面に「努力」が振り向けられるようになってきたために、勉強時間として表れる「努力」が減少してきた可能性さえある。

と本田氏は主張しています。

さらに、教育社会学の領域以外でも、「格差社会論」において頑張りや努力が論じられています。例えば、佐藤俊樹（さとうとしき）氏は論文「『新中間大衆』誕生から20年――『がんばる』」基盤の消滅」で、ＳＳＭ調査（社会階層と社会移動全国調査）データにより、現在「『がんばる』基盤」が「消滅」しつつあると分析しています。

他方で『希望格差社会』を著した山田昌弘氏は、タイトル通り「希望格差」という観点から現代日本社会を考察しました。彼によれば、１９９０年ごろを境として、近代社会は新しい局面に突入し、教育においても「せっかく頑張って偏差値の高い学校に行っても、そのがんばりが無駄になるという可能性が強くなっている」ため、「現在の日本社会は『努力が報われない機会』が増大する社会となってしまった」といいます。

最近では松岡亮二氏が従来の格差社会論に異を唱え、戦後日本社会は大きく変動したが「いつの時代にも教育格差がある」（『教育格差』）と主張しています。

以上が、努力主義や頑張りについての研究概要の系譜です。

▼「頑張り」研究の死角

「頑張り」を中心とした研究を進めた天沼香氏は著書『「頑張り」の構造』で、日本人の核となる性格として「頑張り」に光を当てました。同書に対する、天沼の恩師である歴史学者家永三郎氏からの私信を天沼氏は別の著書『日本人はなぜ頑張るのか』(2004年)で紹介しています。

私は、日本文化の問題に限定すると、必ずしも前近代以来『頑張り』がメインカレントであったかどうか疑問に思うところがあるのです。すぐれた日本文化にはむしろ『遊び』の色彩を強く感じます。

と述べ、「遊び」の例に文芸や歌舞伎を挙げています。この批判に対して、天沼氏は下記のように反論しています。

階級的視座をもってみるならば、そうした「遊び」文化の創造者も享受者も、全体からみるならばごく僅かな支配層、裕福な層に限定されていたのである。大多数を占める貧しい農民層の人びとは口を糊するために、日々、「頑張」らざるをえなかったのだ。

天沼氏は大多数の人々が「頑張って」いたと述べます。しかし、そのような貧しい人々も24時間365日ずっと頑張り続けていたと断定してよいでしょうか。1日のうちに、あるいは365日のうちに「遊んで」いた時間がゼロだったとまでは言えないでしょう。こうした天沼氏をはじめとする多くの先行研究は、努力している個人がみな真面目に、脇目もふらずに一心に頑張っていることを前提にしていると考えられるのです。

例外的に、本田氏は「人を楽しくさせることがじょうず」なことも近年の「がんばり」の一側面であると主張しています。

多くの先行研究には、人々の「日常生活」がどのように営まれているかという観点が不足しています。日常生活において「頑張ってね」と発言した個人や、その言葉に「頑張るよ」と応えた個人が、〈みな真面目に、脇目もふらずに一心に頑張っている〉とは言えないでしょう。日常生活で繰り返し使用されている「頑張る」という言葉では、忍耐や努力の意味が希薄化しており、ほとんどあいさつ代りになってさえいます。1993年3月30日付の朝日新聞朝刊によれば、「頑張る」という言葉は、

日常のあいさつ用語として軽い乗りで使われるようになりました。インタビューを受ける勝ち力士の結びの言葉は、判で押したように「ガンバリマッス」です。

とあるように、希薄化し、あいさつ用語化していることは否めません。

▼日常生活を探る社会学

そこで、日常生活における「頑張り」を、ゴフマンによる「日常生活の社会学」という視点から考察することを提案したいと思います。『遊びの社会学』（1977年）を著した井上俊（いのうえしゅん）氏によると、ゴフマンは、

1950年代の後半から、『日常生活における自己呈示』（邦訳『行為と演技』）や、のちに『相互作用儀礼』（邦訳『儀礼としての相互行為』）という本にまとめられる諸論文において、日常的な相互作用についてのすぐれた分析を行い、「日常生活の社会学」の発展に大きな影響を与えた。

（井上俊・大村英昭『社会学入門』改訂版）

ゴフマンの研究対象は、複数の人が直接対面している状況（あるいは「社会的な出会い」）における小さな社会秩序です。彼は、人々が一緒にいる時に、どのように振る舞うのかを民族誌的に考察しました。

ここからは特にゴフマン『日常生活における自己呈示』（旧邦訳『行為と演技』）の枠組みを援用してみます。

彼は、行為を演劇のアナロジーにより説明します。行為者は、パフォーマーとしてオーディエンスの面前でパフォーマンスをする。その際、パフォーマーのチームは、オーディエンスに対して、パフォーマンスが作り出す「状況の定義」（W・I・トマス）

を維持することが重要です。アメリカの社会学者トマスは、「もしある人間が状況をリアルであると定義づけるならば、その状況は結果においてリアルになる」と主張しました。これは「トマスの公理」とも呼ばれています。リアリティは脆弱であり、破壊的情報により攪乱される可能性があるということです。社会的な出会いにおいては、

> 単一の状況の定義の維持が、この（社会的な出会いの——引用者注）構造の鍵となる要因である。この定義はあらかじめ表出されていなければならないし、そしてその表出は、数多くの攪乱の可能性に直面しながら維持されつづけなければならない。

さらにパフォーマンスには、一方の極に、パフォーマーが「自分自分の演技に取り込まれてしまっている」＝「心からの」（sincere）場合と、他方の極に、「自分が演じるルーティーンにまったく取り込まれていない」＝「うわべだけの」「懐疑的」（cynical）な場合があるとされます。「心からの」とは「自分が演じている現実の印象が、たった

一つの本物の現実だと心から信じている」、つまり「自分のパフォーマンスによって作り出された印象を信じている」ことを指します。逆に、

うわべだけのパフォーマーが、そうすることが相手にとって望ましい、またはコミュニティやその他のだれかにとって望ましいと考えて、オーディエンスを欺くこともあるだろう。

「心配性の女性ドライバーのために心ならずもタイヤの空気圧を何度も点検するガソリンスタンドの従業員」がその例に挙げられます。従来の努力主義研究では、「心からの」頑張りが前提で、「うわべだけの」頑張りが看過されてきました。

▼女子学生の会話

ここで日常生活において使われている「頑張る」の例として、ある大学キャンパスにおいて、休み時間に二人の女子学生の間で交わされた会話の事例を紹介しましょう。

A子「私、これからバイト」。
B子「私は、これから授業」。
A子「勉強頑張ってね」。
B子「うん、頑張る。A子もバイト頑張ってね」。

この会話をゴフマンの分析枠組みを用いて解釈してみましょう。ここでの「状況の定義」は、両者が共に「頑張って」いることです。日常生活においては、ことあるごとに「頑張って」いることが確認され続けています。ただ、この会話は、前述の「心からの」と「うわべだけの」の両極の中で後者＝「うわべだけの」に近いという意味で、対面的相互行為における「儀礼」と化しています。

ゴフマンの著書『儀礼としての相互行為』においては、「敬意表現」(deference)と「品行」(demeanor)という「二つの概念が日常的行為儀礼の領域において重要になってくる」としています。敬意表現とは「相手についての高い評価を適切に当の相手に対して伝える手だてになる行動」であり、「回避儀礼」（＝「これこれをしてはならぬと規定している」）と「提示儀礼」（＝「これこれをしなさいと規定している」）に分けられ、後者には「あいづち、招き、賛辞、ささやかなサービス」の四種類があります。また品行とは「身のこなし、着衣、ふるまい、を通じて伝えられる個人の儀礼的要素」を指し、敬意表現と品行とは「相補的」な関係にあります。

行為のルールは「実体的ルール」と「儀礼的ルール」に区別されます。「儀礼的ルール」とは、「その場にいる人たちは重要ではないと感じられる事柄との関係で行為を導く」ものであり、「儀礼的ルールと儀礼的表現を取り仕切っている規範はエチケットと呼ばれるもののなかに組み込まれている」としています。

この分析枠組みにおいて前述の会話の「頑張ってね」はいわば「エチケット」として、日常生活を円滑に進めるものと位置づけることが可能です。ここには「私も頑張るから、あなたも頑張ってね。おたがいに頑張ろう」という状況において「何となく」頑張る、という軽いノリで使われています。もちろん、「心からの」頑張りが存在することも確かでしょう。ただ、日常生活では「儀礼的」な頑張りもかなり多いと考えていいでしょう。

また、この会話での「頑張ってね」は「クリーシェ」の一種ともいえます。社会学者A・C・ザイデルフェルトによれば、「クリーシェとは、社会生活のなかで繰り返し用いられることによって、それがもともともっていたしばしば巧妙で索出的な能力を失っている（言葉、思惟、感情、身振り、行為による）人間の伝統的な表現形式のことであ」（『クリーシェ』）り、「それによって型通りの相互行為が、いかなる認知的なまた感情的な自己投入をも必要とせずに、円滑に進行していく」（同）といいます。

▼日常生活のルール

それでは日常生活において、なぜこのような相互行為儀礼が行われているのでしょうか。ゴフマンによると、一般に人は敬意表現を自分自身に向けることはできず、他人からそれが向けられるのを求めるしかない（『儀礼としての相互行為』）。

個人は自分のイメージを完成させるのに他人たちに頼るということであって、自分だけでは自己イメージの一部しか描けない（同）。

これを受けて、奥村隆（おくむらたかし）氏は論文「儀礼論になにができるか」（奥村隆編『社会学になにができるか』所収、1997年）で「ひとりではできないことがある。自分に敬意を与えること、敬意を与えてもらう儀式をすること」と述べています。つまり人は、他者から承認されることを通じてしか自己イメージを保てないというわけです。人は常に他者を必要としていることが、日常生活におけるルールなのです。お互いに「頑張って」いることを確認し合う会話を以上のような形で解釈できます。

このように「頑張り」は、努力の中身をそれほど問うものではなく、儀礼的な側面が強いことがうかがえます。会話の「間」を持たせ、その小さな社会秩序を成立させるための「頑張り」もあるということが確認できました。ゴフマンによる「日常生活の社会学」の成果を参照することにより、「頑張り」・努力主義に対する新しい視点が得られました。

第五章　日米の比較

第一章から第四章まで日本社会における「頑張り」を中心に見てきました。「頑張り」が日本社会特有かどうかについては、日本社会と諸外国の社会とを比較しなければ解明できません。日本社会内部しか見ていなければ、日本社会の特徴を明らかにできないでしょう。

そこで、第五章では、心理学における日本とアメリカの比較研究を、第六章においては、日本とヨーロッパ（特にイギリスとフランス）の比較研究を参照し、この問題を深掘りしていきましょう。

▼文化心理学の出発点

北山忍（きたやましのぶ）氏によると、北山氏とヘーゼル・マーカスがさまざまな文化的背景をもつ研究データを見ているとき、「欧米と東洋ではまったく逆になっている」グラフに気づきました。この欧米と東洋（アジア）との相違点をどのように説明すべきだろうか。もちろん欧米の人々もアジアの人々もさまざまであるから「個人差」によることは当然考えられます。しかし、個人差だけですべてが説明できるでしょうか。そこで、実験や調査の対象者の「文化による差」によっても、ある程度説明できるのではないかということが文化心理学の出発点になりました。「『心そのもの』の性質が文化によって違っているかもしれない」（『自己と感情』１９９８年）。

北山氏やマーカスらの文化心理学の立場では、二つの典型的な文化的自己観、すなわちA相互独立的自己観（independent view of self）、およびB相互協調的自己観（interdependent view of self）を区別します。文化的自己観は、あまりにも自明なため「それとして認識されることは稀」です。

A　相互独立的自己観

北山氏によれば、この自己観は「特に欧米文化、とりわけ北米中流階級で優勢」です。「自己は、〈中略〉周囲の状況とは独立にある主体の持つ様々な属性によって定義されている」。また、「自己とは相互に独立したものであるという概念は、現在の欧米社会の現実を構成している」。そして「一人前」の人の必要条件とは「自らの内に望ましい、誇るにたる属性を見いだし、〔中略〕そのような属性を現実のものとしていくこと」(『自己と感情』)です。

増田貴彦氏と山岸俊男氏は共著『文化心理学 上』(2010年)で「自己は、父親、母親、友人、兄弟姉妹、あるいは知人といった他者とは明確な境界線で区切られた独自の存在であり、自己を規定するものは自らの内部に備わったさまざまな内的属性(性格特性、態度、嗜好、能力など)によって規定される」と主張します。

B 相互協調的自己観

北山氏の著書『自己と感情』によれば、この自己観は「日本を含む東洋文化で優勢」であり、「自己とは他者と相互に協調・依存したものである」という。「人間関係そのもの」が、「自己の中心的定義となる」として、「一人前」の人の必要条件とは「意味ある社会的関係を見いだし、自らをその中の重要な一部分として認識し、またまわりの人にそう認識されることである」といいます。

増田、山岸の両氏は「自己は、自分に近い他者との間で明確な境界線では区切られていない。〔中略〕父親、母親、友人、兄弟姉妹、あるいは知人といった他者が境界線を越えて自己の枠組みに入り込んでい」て、「まわりの人に自分を合わせたり、自分の役割を果たすことに喜びを見いだす必要がある」と指摘します。

　ここでは北米つまりアメリカ人やカナダ人が全員相互独立的自己観で、東アジアの人々が全員相互協調的自己観とは言っていません。また東洋（アジア）はもちろん一枚岩ではありません。アジアは大きく東アジア、東南アジア、南アジアなどに分けられます。その中の東アジアにおいても日本と韓国、中国、台湾の間に共通点もあれば、相違点も見られます。相互協調的自己観のアメリカ人・カナダ人や相互独立的自己観の日本人・韓国人・中国人は確かに存在します。ただし、北米と東アジアを比較すると二つの文化的自己観の比率（％）に差があることを意味しています。なお、北山氏は、この二つ以外の文化的自己観もありうるが、世界的に見てこの二つが典型的であると主張しています。

また北山氏は、日本における相互協調の特徴として、役割志向性および情緒的関与、という二つの次元を挙げています。

前者の役割志向性について、北山氏の『自己と感情』は「役割を果たすことの重視は、社会的に与えられた目標像（…らしさ）に向けて、努力することの重視につながる」「例えば、自分の学力の不足を日本人は、欧米諸国よりも努力不足に帰す傾向が強い」としています。その上で「日本文化では、自己批判的になることにより、自らの欠点、短所、問題などを見つけだし、絶え間ない日常的努力により、これを矯正するという自己向上のプロセスが文化的に広く共有され」ていると指摘します。

▼エンティティとインクリメンタル

増田、山岸両氏によると、素朴理論とは、（専門家以外の）一般の人々の考えの枠組みを意味します。例えば次のような考え方です。

例：「小学6年生の大志くんは、1年生のときからリトルリーグに属してきたが、結局最後までレギュラーでプレイすることができなかった」。

この例に対して、二つの見方があります。

①「大志くんは、野球の才能があまりないようだから、いつまでも野球にしがみついていないで、もっと自分に合った活動をすればよかったのに」。

②「大志くんは、自分に活躍の場が与えられなくても、それでもめげずによく6年間がんばった」。

以上の二つの見方について、ドウェック&ルゲットは、才能や能力についての二つの素朴理論、つまりエンティティセオリーとインクリメンタルセオリーを唱えました。

①エンティティセオリー（entity theory　固定理論）

「自己とは固定した不変の存在とする考え方」であり、「才能や能力も生まれながらにして規定されていて、努力によって獲得するものではないという素朴理論」である。「大志くんには野球の才能がないのだから、いくら努力しても意味がない。すぐに見切りをつけ、別の才能を見つけるべきだと考える」（『文化心理学 上』）。

内田由紀子（うちだゆきこ）氏によれば、これは「北米やカナダで多くみられ」る（『これからの幸福について』）。

②インクリメンタルセオリー（incremental theory　拡大理論）

増田、山岸両氏によれば、「自己は変わるもの」であり、「才能や能力も生まれつきの固定した属性ではなく、努力や環境次第でいくらでも変えることができるという素朴理論」であり、「才能や能力を手にするためには努力が欠かせない」と見ます（『文化心理学 上』）。

内田氏によれば、これは「日本に多くみられる」（『これからの幸福について』）。なお一般的に「東アジア人が努力を重んじる傾向」があります（『文化心理学 上』）。

『日本人のしつけと教育』（2012年）の著書がある東洋（あずまひろし）氏は、日本とアメリカで、小学校上級生の母親と子どもの両方に、算数の成績の高さ・低さを決める原因は何かという質問をしています。その結果、日本では母子ともに努力を重視する傾向がありました。これに対して、アメリカ人の母子は、努力だけではなく、もともとの算数の能力や学校の教え方などの要因も重要だと考える傾向がありました。

以上のエンティティセオリーとインクリメンタルセオリーは、私の「頑張り」・努力主義における二つの能力観と関連します。第一章を参照してください。エンティティセオリーは「能力素質説」「能力不平等観」に、インクリメンタルセオリーは「能力平等観」に近いといえるのです。当然のこととして日本人全員が能力平等観、あるいはアメリカ人全員が能力不平等観というわけでなく、個人差があります。二つの能力観は、理論的に極端な形に整理したものであり、実際上、多くの人々は両方の能力観を持ち合わせています。どちらをどの程度持っているかという「程度」の問題なのです。

▼二つの知能観

エンティティセオリーとインクリメンタルセオリーを唱えるキャロル・S・ドウェックとアリソン・マスターは、この二つの素朴理論に対応する知能観について説明します。
エンティティセオリーに対応する知能観を「固定的知能観（entity theory of intelligence）と、インクリメンタルセオリーに対応する知能観を「拡大的知能観（incremental theory of intelligence）」（訳書では「増大的知能観」）と名づけます。

多くの文化において「成人および子どもの約40％が固定的知能観を支持し、約40％が拡大的知能観を支持し、約20％はどちらでもない」。ただし、「アジア圏においては努力と自己向上に、より重点が置かれる」。つまりアジアでは拡大的知能観が40％より多く、多数派を形成しています。

努力に関する信念について、固定的知能観では「能力があれば、努力は必要ない」

「真の天才にはすべては容易である」「得意なものなら、頑張らなくてもできるはずだ」とされるのに対して、拡大的知能観では「能力があっても努力は必要だ」「偉業を成し遂げるためには、天才であっても努力は必要だ」「得意なものでも、一生懸命やることでさらに上達する」と考えます。

また、失敗した後、固定的知能観では努力が減少し、よち自己防衛的になるのに対して、拡大的知能観ではより多く努力し、自己向上が見られます（「自己調整学習を動機づける知能観」『自己調整学習と動機づけ』所収、２００９年）。

▼マインドセット

「エンティティセオリーとインクリメンタルセオリー」および「二つの知能観」を唱えているアメリカの心理学者キャロル・Ｓ・ドウェックは一般読者向けに『マインドセット』を著しました。

ドウェックは、エンティティセオリーとインクリメンタルセオリーそれぞれに対応する「心のあり方（マインドセット）」を説明しています。エンティティセオリーに対応するのは、「硬直マインドセット」(fixed mindset) であり、インクリメンタルセオリーに対応するのは、「しなやかマインドセット」(growth mindset) です。

「『努力なんて才能に恵まれない人のすること。頑張らなければできないのは能力に欠ける証拠。真の天才ならばおのずとできて当たり前』と、硬直マインドセットの人は思っている」。

逆に「しなやかマインドセット」の「根底にあるのは、人間の基本的資質は努力しだいで伸ばすことができるという信念だ」。「努力することによって初めて才能に火がつき、そこから素晴らしい業績が生まれる」。

しなやかマインドセットは「持って生まれた才能、適性、興味、気質は1人ひとり異なるが、努力と経験を重ねることで、だれでもみな大きく伸びていけるという信念である」。

しなやかマインドセットにおいては、「持って生まれた才能、適性、興味、気質は1人ひとり異なる」＝不平等に授けられている＝能力不平等観（欧米）に近いものの、「だれでもみな大きく伸びていける」＝インクリメンタルセオリー（日本）に近いともいえます。したがって、欧米と日本の両方の要素が融合しているわけです。

ドウェックは、マインドセットに関する質問に答えています。

Q「両方のマインドセットが半々という人もいるのでしょうか。私の中には両方が混在しているような気がするのですが？」

A「ほとんどの人が両方のマインドセットを併せ持っている。〔中略〕同じ人でも分野ごとにマインドセットが異なる場合もある。私自身はどうも、芸術的才能についてはこちこち、知能についてはしなやかな考え方をするようだ」

Q「努力の大切さはわかりましたが、失敗するのはどんな場合でも本人のせい、つまり努力が足りなかったからなのでしょうか？」

A「そんなことはない。努力が大切なのは確かだが、だからといって、努力ですべてが解決するわけではない」

上記のQ＆Aにおいて、この点で努力万能主義ではないという点で欧米に近いといえます。

「重要なのは、マインドセットは自分の意志で選びとることができるという点なのだ」（『マインドセット』）。つまりドウェックは、硬直マインドセットをしなやかマインドセットに変えていくべきであると考えています。

ドウェックは、硬直マインドセット＝エンティティセオリー＝欧米、しなやかマインドセット＝インクリメンタルセオリー＝日本、と機械的に考えているのではありません。

ここで能力観とマインドセットとの関連について補足しましょう。能力不平等観／能力平等観は、生まれ（文化）で決まる＝自分の意志では選べないと考えます。それに対し硬直マインドセット／しなやかマインドセットは、「自分の意志で選びとることができる」と考えます。

しなやかマインドセットでは①努力が大切である（日本に近い）②才能は不平等である（欧米に近い）③努力万能主義ではない（欧米に近い）――と考えます。欧米的な見方に、日本あるいはアジア的な要素を組み入れる（表現を変えるならば、いいとこ取りする）ことにより、成功に近づこうとします。

このように、ドウェックは日本とは同じ形ではないものの、努力を強調しています。努力はアメリカでも重視され、決して軽視されているわけではないのです。

第六章　日欧の比較

社会学では歴史を大きく前近代（プレモダン）社会から近代（モダン）社会への流れとして理解します。歴史学から見れば、これはあまりに大雑把すぎるように考えられます。もちろん、より細かい区分を行う社会学の研究が存在します。

▼属性主義から業績主義へ

前近代社会（江戸時代まで）と近代社会（明治維新以降）との相違点は、属性主義と業績主義によって表されています。前近代では、多くのものごとが「生まれ」＝属性で決まり、生まれた身分（「士農工商」）を変えることは原則としてできませんでした。、子ども（特に男子）は親の跡を継ぐことが原則でした（世襲制）。生まれた後の「努力」「能力」の評価は限定的でした。競争は例外的であり、選抜の必要性はありませんでした。

近代社会では、身分制が廃止され（「四民平等」＝士農工商の四つの身分が平等にされた）、子どもは親の跡を継ぐ必然性がなくなり、職業選択の自由が確立されました。「生まれ」では決まらず、生まれた後の「努力」「能力」＝業績次第で上の地位へ行くことが可能になり、これを「立身出世」と呼びました。世襲は例外的になったので、「人々をそれぞれの地位や役割へと動機づけ、選抜し、配分するための、一つの社会的な機構を必要としている」（天野郁夫氏『教育と選抜の社会史』）とされました。そして、その選抜・配分のための「社会的な機構」として、学校教育制度、試験制度、資格制度が生み出されました。前近代の属性主義から、近代の業績主義へと社会の原理が大きく転換することになったわけです。もちろん例外は存在し、近代においてもいくつかの属性の影響力は大きく、例えば性別（ジェンダー）や民族（エスニシティ）という属性は、なくなっていません。

前近代から近代への移行とパラレルに属性主義から業績主義への移行と捉える説は、世襲制――職業を選択する自由が制限されている――を基本とする社会から職業選択の自由が認められる社会への転換を強調します。選択の自由があることは、一般的に言えば、個人の「能力」および「努力」次第で高い社会的地位を獲得する可能性が増大することを意味します。

職業選択の自由が認められた明治初期以降、多くの人々が、東京に上京し、威信のある学校を受験する「立身出世」を夢見たことをこれまでの研究が明らかにしてきました。
多くの青年が、「頑張れ」ば＝「努力」すればなんとかなると考えました。この「頑張り」「努力」を「メリトクラシー（meritocracy）」と結びつけて議論する研究（竹内洋氏『日本のメリトクラシー』など）もあります。ただし、このメリトクラシーという用語の元をたどると、「頑張り」・努力とメリトクラシーの結びつきは単純ではないことが分かります。

「メリトクラシー」という語の初出は、イギリスの社会学者マイケル・ヤング（1915－2002）が1958年に著した『メリトクラシーの興隆』（邦訳『メリトクラシー』）です。メリトクラシーは能力主義あるいは能力主義社会と訳される場合もありますが、両者は必ずしも同義ではありません。この著作は「空想社会科学小説（social science fiction）」（苅谷剛彦氏ほか著『教育の社会学』新版所収の論文「『学歴社会』の変貌と『格差』」）であり、2034年を現在として、20世紀から21世紀のイギリスにおける教育と社会のあり方を振りかえったフィクションであることを念頭におく必要があります。

ヤングは「生まれ（birth）による貴族政治（aristocracy）」、「富豪（wealth）による金権政治（plutocracy）」と「才能ある人びと（talent）による真のメリトクラシー（meritocracy）」を対比して、「知能（intelligence）に努力（effort）を加えたものが、メリット（merit）（I＋E＝M）なのである」と説明しています。ここで知能が生得的であるのに対して、努力が獲得・変更可能である側面が強く、メリットには性格の異なる二つの側面があることが理解できます。さらに生得的である側面が強いパターンと、獲得的である側面が強いパターンの両者が想定されます。

▼日本と英国

苅谷氏の議論は、メリトクラシーを比較社会学的に解釈しているのが特徴です。ヤングの描いた（フィクションとしての）メリトクラシー社会は、生得的な知能指数を基礎とすることから明らかなように、生まれながらの能力の違いを重視し、「あらかじめ備わっている能力という意味での、能力主義を基本とした社会である」（同）と位置付けられています。それに対して、日本の学歴社会は、「あらかじめ備わっている能力の違いより」学校でどれだけあるいは受験勉強でどれだけ「努力」したか、「がんばった」

か、すなわち獲得的な側面に注目する「努力主義を基本においた社会」です。この対比は、一方はフィクション、他方は現実という違いが存在するものの、近代日本社会を比較の視点から明らかにしたものと言えます。

イギリス人のヤングによる著作は、イギリスの現実とは異なることをこれまでの議論において強調してきました。ただし、日本の現実とイギリスの現実を比較社会学的に考察して、ヤングと類似した結論を導き出した研究も存在します。志水宏吉（しみずこうきち）氏は『学校文化の比較社会学』でフィールドワークに基づき日本とイギリスの中等教育を比較し、両国の学校文化の元となる「教育のエートス」の一つとして、日本の「努力主義」対イギリスの「能力主義」を抽出しています。

「日本の学校、ひいては日本の社会は『努力』というものに非常に価値を置く」。（日本の）南中の教師が「70点の子が80点をとるより、10点の子が20点をとることの方が価値があると思う」（「10点の子が20点とることの方がより多くの努力を要する」ため）と語っていることは、その例です。日本では「努力によって能力の不足はかなりの程度まで補える」という考え方も根強いわけです。

他方で、イギリスでは「努力が軽視されているというわけではないが、それ以上に能力の違いというものに敏感に反応するようである。家庭でも学校でも、それが勉学の才であれ、音楽の才であれ、子どもが見せる才能の芽を伸ばすのにおとなは熱心である」と志水氏は指摘しています。

ヤングのフィクションと志水氏の比較分析は、レベルが異なるものの、イギリス人ヤングがこのフィクションを描くうえで、ある程度イギリス社会の現実を踏まえていたと推測できるので、仮に両者に共通するものがあったとしても不思議ではありません。

▼努力と才能

「才能教育」(gifted and talented education)のあり方にも、同様なことが見られます。岩永雅也(いわながまさや)氏が『創造的才能教育』所収の論文「序――いま、なぜ才能教育か」で、才能教育とは「優れた才能を有する幼児、児童、あるいは生徒に対し、その能力を効果的に伸ばすために行われる特別な教育的措置の総称」と説明しています。麻生誠(あそうまこと)氏は、日本ではこれまで才能教育がタブーとされてきたとして、わが国では、どちらかというと努力を高く評価する一方、能力や才能それ自体を高く評価して、それを国民の「共有財産」として育てていくという考え方がきわめて弱い

（同書所収の論文「創造的才能教育推進のための一六の提言」）

と述べています。この対比の背景には、能力や努力に対する見方・考え方の相違があります。日本では「能力平等観」、すなわち「生まれつきの能力差は存在しないか、たとえ存在しても努力や環境などの後天的なものにくらべれば問題にならない」（恒吉僚子(つねよしりょうこ)氏『人間形成の日米比較』）という考え方が少なくとも建前として見られます。これに対して、欧米では、「生来の能力差を肯定する」「能力不平等観」が根強く、日本では見られない「ギフテッド（gifted）」な幼児、児童、生徒の教育が行われています。

英米の「ギフテッド」教育重視は、「生来の能力差」を認めるのに対し、日本ではこの「生来の能力差」を認めようとしません。この相違は、「生得的」／「獲得的」というおなじみの二項対立として説明できます。竹内洋(たけうちよう)氏は、この二項対立を「階級社会・

イギリス」／「学歴社会・日本」という図式として整理しています。

「出自」（出身階級）は生得的なもので、努力や勉学で獲得不可能である。ところが日本の学歴という階級は努力や勉学で獲得可能である。

（『パブリック・スクール』１９９３年）

ここから、イギリスでは、出身階級や才能など「生得的」なものが重要視されるのに対して、日本では、努力・「頑張り」など「獲得的」なものの方がより強調されるという図式を描くことができますが、事態はそれほど単純ではありません。

▼イギリスの努力主義

イギリスは努力主義的ではなく能力主義的であるという説を前述しました。それではイギリスはその歴史を通じて、この能力主義的傾向が変わらず続いてきたのでしょうか。このような問いを立てると、19世紀半ばに努力主義的主張を含む書物がベストセラーになったことに思いあたります。サミュエル・スマイルズ（1812－1904）の『自助論（*Self-Help*）』（1859年）です。本書はイギリスで広く読まれただけでなく、多くの言語に翻訳され、日本では1871（明治4）年に中村正直（敬宇）（1832－1891）により『西国立志編』として翻訳出版され、明治の文明開化期に福澤諭吉の『学問のすゝめ』とともにベストセラーとなったことはよく知られています。「西国」とは西洋＝欧米を指しています。小池滋氏は、『自助論』が19世紀のイギリスで広く読まれた背景に「確固たる階級間の障壁が崩れて流動化した」ため、「自分の努力と勤勉だけを武器として、社会の階段をよじ登ることが可能」（『英国流立身出世と教育』）になったことを挙げています。

そこで、*Self-Help*の原文と日本語訳『西国立志編』とを対照させながら、イギリスの努力主義の一側面を垣間見たいと思います。ここでは『西国立志編』は明治初期のものであり、古文に近いので、英語版原書を現代の日本語に直接翻訳する作業をしました。

Self-Helpとは何かについて、冒頭で「天は自ら助くるものを助く（Heaven helps those who help themselves)」（「他人に頼らず自立して奮闘努力するものを、天は助けて幸福を与える」『広辞苑』）として説明されています。

「第四編　勤勉して心を用うること、および恒久に耐えて業をなすことを論ず（Chapter IV Application and Perseverance）（「勤勉と忍耐」と訳すこともできる）」（『西国立志編』）では、勤勉・努力・忍耐が説かれています。例えば、

ある有名の学士の説には、「英才といえるものは他なし。勉励（making efforts）（「努力すること」——引用者注）の力の別名なり」といえり。

大名をもって一世を傾動するものを観るに、たいていは中等の性質（mediocre abilities）（並みの能力——引用者注）をもって勤勉学問し（applied themselves diligently to their work）、恒久に耐えて倦まざる（untiring perseverance）（たゆまない忍耐——引用者注）の人にして、天資聡穎なるもの（the gifted, of naturally bright and shining qualities）（生まれつき利口で、才能のある者——引用者注）ははなはだ少なきことなり。

以上の引用では、努力（effort）や忍耐（perseverance）が称揚され、神（あるいは天）から授けられた生得的な能力は低くしか評価されていないという意味で、日本社会の特徴と類似しています。逆に言えば、スマイルズの『自助論』——特にその努力主義的要素——が、明治日本に多大な影響を与え、日本社会にその影響が後々まで及んでいると解釈できます。ここでは日本において元々努力主義的要素が存在していて、その要素が『西国立志編』により強化されたと解釈することができます。他方、イギリスでは、『自助論』以降に努力主義が弱まったのではないかとも考えられるわけです。

マーティン・J・ウィーナは、世界で最初に産業革命を経験したイギリスにおいて、「実業家の子たちは、〔中略〕生産志向型の文化（父祖の価値観である産業精神——引用者注）を放棄しなければならなかった」（『英国産業精神の衰退』）と述べています。

この点について補足しましょう。産業革命・産業精神は、それ以前の属性主義社会を変革しようとして、業績主義的です。「彼らはジェントルマンの理想（「ジェントルマンであること」を重視するという意味で属性主義的である――引用者注）という新しい理想を取りあげた」。ウィーナによれば、「産業資本主義の最も著名な唱道者であったサミュエル・スマイルズ」の『自助論』の最終章は、「真のジェントルマン（the True Gentleman）」と題されています。

スマイルズにとって、自助立身した者が最後に戴く冠は、ジェントルマンらしさだったのである。

このように19世紀半ばにおけるイギリスの努力主義は、ジェントルマンという理想＝反産業主義によって侵食され、抑制されたと解釈することができます。

▼武士という理想

19世紀半ばのイギリスにおいて努力主義が強調されたと同時に、そのなかに努力主義が抑制される契機が含まれたことと対比して、近代日本における強力な努力主義の背景を探っていくことにしましょう。

明治期に身分制度が解体され、武士身分は制度としては消滅しました。武士身分は明治期以降、士族という族籍に再編されます。ただし、当時の人々にとっての役割モデルとして、なくなったはずの武士モデル＝武士という理想があったのではないかと考えられます。明治期以降も人々の意識のなかに「身分的なもの」が残ったことと関連しています。

例えば、広田照幸（ひろたてるゆき）氏の『陸軍将校の教育社会史』によると、1883年に陸軍幼年学校生徒になった石光真清（いしみつまきよ）（1868‐1932）は次のように書き記しました。

本郷源三郎は、〔中略〕極貧の小作農だった。新しい時代が到来して、水呑百姓の伜が武士になれるというので、無理算段した両親を郷里に残して上京した。

（石光真清『城下の人』）

ここで明治初期の農民にとって軍人への道に進むことは、「武士になる」こととして理解されていたことが示唆されています。江戸時代の身分制社会では、農民は「武士になる」ことはかないませんでした。職業選択の自由が認められる時代がやって来ると、(属性主義的ではなく）業績主義的に「武士になる」という選択肢が現れました。

では、女性の場合はどうだったでしょうか。杉本鉞子（1873-1950）は明治6（1873）年、新潟・長岡藩の家老の娘として生まれ、武士の娘として厳しくしつけられました。鉞子はアメリカ在住の日本人と結婚して、アメリカに渡りました。1925年にアメリカにおいて英語で『武士の娘』を出版し、ベストセラーになりました。鉞子の父は彼女の子育てについて母に向かって、次のように述べました。

「武家の教育ということを忘れてはならないよ。獅子は幼いわが仔を千丈の谷に蹴落して獣王に育て上げるというからね。それでこそ、生涯の大事をなしとげる力が養われるんじゃないか」

（『武士の娘』）

武士身分が解体した後の明治期に、このような会話がなされていたことに注目したいと思います。鉞子は明治6年生まれなので、身分制解体後に生まれています。厳密に言えば鉞子はすでに武士（の娘）ではありませんでしたが、業績主義的に「武士の娘になった」と言えるでしょう。言い換えれば、武士の娘という役割モデルを選択したのです。

本郷も鉞子も、武士身分がすでに解体した後に「努力」して＝「頑張って」、「武士になる」「武士の娘になる」という生き方を選択しました。この「武士という理想」は、イギリスの「ジェントルマンという理想」と対比できます。前者は努力主義を促進する機能を、後者は努力主義を抑制する機能を果たしていたといえます。

イギリスにおいて、産業革命後に経済成長が続いた時期に努力主義が唱えられ、やがて経済成長が鈍化すると努力主義が抑制されたと解釈することができます。これは日本において、第二次世界大戦後バブル期まで右肩上がりの経済成長が続いていた時期に努力主義が唱えられ、バブル崩壊後に「頑張らない」ことがクローズアップされたことと符合します。

▼フランスのバカロレア試験

イギリスに続いて同じヨーロッパのフランスの教育について取り上げましょう。イギリスとフランスはドーバー海峡を挟んで隣国です。にもかかわらず相違点が多くあります。日本社会と比較するので、フランスの高校生全員が受験するバカロレア試験に焦点を当てて、努力のあり方などを分析したいと思います。

バカロレア試験とは、中等教育の修了と同時に大学への入学資格を認定する試験で、中等教育の学習の到達度を測る全国統一試験です。フランスは資格社会であるため、バカロレアに合格して資格を得ることが重要です。

バカロレア試験の特徴として、『フランスのバカロレアにみる論述型大学入試に向けた思考力・表現力の育成』（細尾萌子・夏目達也・大場淳三氏の編著による）所収の論文

「フランスの中等教育とバカロレア試験から何を学びとれるか」で六点を挙げています。

第一に「高校ではすべての教育がバカロレア試験に向けて準備を行う」ということです。フランス人の夫、娘と息子と共にパリ郊外に在住する中島さおり氏は、娘と息子をフランスの学校および日本語の補習校に通わせた経験をもとに著書『哲学する子どもたち』で、

> フランスの高校生はよく勉強する。勉強しなくても受かるほどバカロレアは易しくないし、中間、期末試験というものもなく、絶えずある小試験の平常点がカウントされて、それが進学にも大きく影響するので気が抜けないのだ。

さらに

> フランスの高校は、この試験を準備する機関として位置づけられており、授業ははじめからバカロレアで点が取れるようにすることを目標にしている。

と述べています。

『世界の学校――グローバル化する教育と学校生活のリアル』所収の論文「フランスの学校」（京免徹雄・藤井佐知子両氏による）は次の通りに説明しています。

　フランスの授業の特徴はどこにあるだろうか。それは、高校卒業資格であり大学入学資格でもあるバカロレアの試験で求められる思考力・表現力を、初等教育から中等教育を貫く「書く教育」のグランド・デザインのもとで、段階的に育成していることである。小学校では正しい文法と綴りで事物と体験を「描写する」、中学校（コレージュ）では自己の体験を離れて資料から見解を根拠づけて「論証する」、高校（リセ）では到達点として「ディセルタシオン」（フランス式小論文――引用者注）を書けるようになることが目指される。

特徴の第二として論文「フランスの中等教育とバカロレア試験から何を学びとれる

か」は「バカロレア試験では、高校の教員が作題や試験監督、採点を担当している」といいます。

バカロレアは「大学入試」と言うより、「高校卒業免状試験」と考えたほうが妥当かもしれない。高校の課程を満足に修了したかを、ほとんど全科目にわたって試験するからだ。物理的にも試験場は高校で、日本のように大学ではない。

（『哲学する子どもたち』）

高校がバカロレアに直結していると、予備校や塾があまり発達しないので、その分のお金はかからないという利点もある。さらに言えば、大学入試でないバカロレアは、大学の収入源でもないから、受験には一銭もかからない。

（同）

フランスの大学で教えた経験のある坂本尚志（さかもとたかし）氏は、

日本の大学入試センター試験や各大学の入学試験が基本的に大学教員の手によって作成され、採点されるに対して、バカロレア試験の問題は、高校教員が作成し、採点します。

（『バカロレア幸福論』）

と述べています。

さらに特徴の第三として「バカロレア試験は高校で履修するほぼすべての科目を対象としている」と指摘します。

ほとんどすべての授業がバカロレアにつながっているので、受験科目に力を集中するために疎かにされる科目というものがない。

（『哲学する子どもたち』）

受験勉強が（日本における高校と塾の分業とは異なり――引用者注）本来の学習と

乖離しないもうひとつの理由は、バカロレアの受験科目数が多いことだ。受験科目は、随意科目をいっさい選択しないで受けた場合で一一（重複選択すると一〇）科目。

自由選択科目は受験しなくても構わないのだが、高得点を収めると加算してもらえ、低得点の場合は考慮されないので、得意なものがあったら受験したほうが有利だ。理数系の場合、自由選択科目は第三外国語、手話（！）、ラテン語、ギリシャ語、体育、美術、音楽、馬術（！）、社会文化。この中から最大、二科目まで選んで受験できる。

（同）

特徴の第四として「筆記の試験問題のほぼすべてが論述試験であり、しかも長時間をかけて行われる」。バカロレア試験は2～4時間の論述式の筆記試験が中心であり、選択式問題は出題されません。

バカロレアの試験はすべて論述式、そうでなければ口頭試問だ。

（同）

自分の持っている知識をフルに使って、論理的な文章で自分の考えを伝達する技術、あるいは口頭で他人にわかりやすくプレゼンテーションをしたり、質問に的確に答えたりする技術が受験テクニックということになる。

（同）

特徴の第五として「採点の公平性を担保するために、モデレーションと呼ばれる制度が採用されている。〔中略〕採点者間で採点規準を共有したり、採点結果を統計的に調整したりしている」。

バカロレア試験はすべて論述試験であり、どうしても採点のブレが生じます。そこで、そのブレを最小限に抑えるための工夫が凝らされています。フランスでは資格を取得すれば、その資格は一生続くものとされ、資格取得者は絶対的に信頼されています。

最後に特徴の第六として「普通科の生徒対象の普通バカロレア試験や、技術科の生徒対象の技術バカロレア試験のほかに、職業科の生徒対象の職業バカロレア試験がある」。「普通バカロレア」以外に「技術バカロレア」（1968年～）と「職業バカロレア」（1985年～）が設けられています。技術バカロレアは、サービス産業系、工業系、化学系、医療系などに、また職業バカロレアは、各種事務、製造業などの諸職業分野の専門領域に分かれています。

坂本尚志（さかもとたかし）氏は『変動する大学入試』（伊藤実歩子（いとうみほこ）編著）所収の論文「なぜバカロレア改革は混乱を引き起こしているのか」で、

2019年に実施されたバカロレア試験の合格者は同年齢人口の79・7%を占めている。種別の内訳は、普通バカロレアが42・5%、技術バカロレアが16・4%、職業バカロレアが20・8%となっている。

2019年の種別合格率は91・2%（普通）、88・1%（技術）、82・3%（職業）

であり、〔中略〕合格率の高い資格試験である。

と記しています。

これ以外のフランスの教育の特徴も挙げてみましょう。フランスでは個別大学による入学試験は原則として実施されません。そして、

バカロレアに合格すると、基本的には自分の希望する大学の学部に進学できます。フランスの大学はすべて国立で、学費も安いです。学士課程なら年2万5千円程度です。

日本に住む私たちにとっては、入試がないというのは良いことに思えるかもしれませんが、原則として誰でも好きな学部に入れるということは、人気大学・人気学部に学生が集中するということです。

私（坂本尚志――引用者注）がフランスの大学で日本語を教えていた時代にも、学生が殺到するあまり教室に収まりきれなかったり、教員が足りなかったりという事態が頻発していました。

そうした状況で勉強を続けるのは簡単ではありません。フランスの大学では、進級する学生より留年する学生の方がずっと多い。

（いずれも『バカロレア幸福論』）

フランスの大学生の進学率はひどいものです。フランスの学士課程は三年ですが、三年間で学士を取得できる学生は四割未満です。一度留年した学生を含めてやっと五割を超える程度です。〔中略〕入試がない代わりに、大学入学後に選抜が行われているとも言える。

（『バカロレアの哲学』）

フランスではどの大学の学歴も等価であり、大学間格差がほぼ存在しません。ただし、フランスの高等教育は、大学とグランドゼコールの二つのセクターから成り、グランドゼコールがエリート養成をします。バカロレア試験では、各科目の比重をかけて計算された20点満点のうち、平均8点未満は不合格、10点以上が合格となります。8点以上10点未満の場合、口述の追試験を受けることができます。12点以上14点未満は「良」、14点以上16点未満は「優」、16点以上は「秀」の評価が付けられます。普通バカロレアで（特に科学系の）「秀」や「優」の受験者は、「グランドゼコール準備級」＝（各界の幹部要員を養成する）エリート的なコースに進学します。そして科学系に優秀な生徒が集まる傾向があります。成績の良い者ほど、（選抜がない）大学の一般コース以外の、選抜のあるコースに進学します。成績下位層が、無選抜制の大学にはき溜められてしまいます。

近年にはバカロレア改革が実施され、1993年以来文学系（文科系）、経済・社会系、科学系（理科系）に分かれていた普通バカロレアは、2018年のバカロレア改革でコース分けの廃止が決定されました。2020‐21年度からは、バカロレア試験科目が大幅に減り、高校での内部評価の比重が大きくなりました。

▼哲学教育

普通バカロレアでは、哲学が必修科目とされています。フランスの中等教育は、哲学を重視するという他国では見られない試験制度を採用しています。

フランスの高校生が卒業時に必ず受けなければならない国家試験バカロレアは、毎年六月半ば、「哲学」の試験をもってスタートを切る。

（『哲学する子どもたち』）

バカロレア改革後の現在は最初の科目ではなくなっています。

フランスの国民教育省（日本の文部科学省に相当する——引用者注）が2003年に発布した哲学教育のカリキュラムによれば、その目的は、それまで生徒が習得してきた知識を統合しながら、考える力を鍛え、最終的には自律的かつ批判的に考え、行動できる市民となる準備を整えることです。

バカロレア哲学試験の平均点は20点中7点であり、これはバカロレアの他の科目の平均点と比べて4点低いということでした。（フランス人――引用者注）全員が哲学を得意としているわけではありません。

（いずれも『バカロレアの幸福論』）

彼ら（高校生――引用者注）は高校三年生の一年間、哲学を必修科目として、週四時間を毎週受けることになっています。さらに「人文学、文学、哲学」という授業を選択した生徒は、高校二年生で四時間、三年生で六時間、哲学に関係する内容を学びます。

（『バカロレアの哲学』）

坂本尚志氏は『バカロレアの哲学』で哲学教育の目的を説明しています。

哲学教育が高校三年生で行われる目的は何でしょうか？　二つの意味があります。

第一に、初等・中等教育で学んできたさまざまな科目を振り返り、その内容を互いに結びつけ、統合することです。哲学は、知識の内容を一段掘り下げることを目指します。

第二に、「市民」を育てることです。それはつまり、民主主義社会において、自分自身の理性によって考え、発言し、行動できる人間を育てることです。

市民を育てるために哲学を学ばせること、これが高校で実践されているところにフランスの教育の際立った特徴があります。

坂本氏は実際にバカロレア哲学試験の問題例を挙げます。

二〇二一年の普通バカロレアの哲学の問題

1. 議論するとは、暴力を断念することか？
2. 無意識はあらゆる認識の形式から逃れているか？
3. われわれは未来に責任を負っているか？
4. デュルケーム『社会分業論』（一八九三年）の一節を説明せよ。

1. から3. がディセルタシオン（小論文）と呼ばれる問題形式で、この問いに対して論述形式で解答します。4. はテクスト説明と呼ばれる問題形式で、一五行から二〇行程度の哲学書の抜粋について、その構造と内容を適切に言い換えしつつ説明することが求められます。試験時間は四時間です。

（『バカロレアの哲学』）

このディセルタシオンについて解説しましょう。渡邉雅子（わたなべまさこ）氏は著書『「論理的思考」の社会的構築』で、とりわけディセルタシオンは、大学の学位審査試験、教員資格試験、官吏登用試験から一般の会社の試験に至るまで幅広く用いられている。この様式で書いたり考えたりできないと、中等教育の修了資格も、高等教育の学位も、職業や社会的な地位も得られない。

ディセルタシオン執筆の手順についてどうなっているのでしょうか。例えば「国家への服従は常に義務か」という問題に対して、彼女はこう述べます。

ステップ1　構成案（プラン）を作る
「この構成案作りには、試験の半分の時間（一時間から二時間）を割くことが勧められている」
ステップ1－1　主題の発見――問題の問いを分解する
「『本当に〈常に〉国家に従うことは義務であろうか』と前提を問い直した上で、では『どのような場合なら、服従は義務にならないだろうか』〔中略〕と前提を突き崩していく」
ステップ1-2　概念の分析――あらゆる可能性の吟味
ステップ1-3　問いを作る――あらゆる問いの検討
ステップ1-4　「問題提起」を行い、三つの問いを提出する
「〈正―反―合〉を導く三つの問い」
「正：『国家への服従は常に義務か』
反：『いかなる場合に国家への服従は義務でなくなるのか』
合：『なぜ国家への服従は常には義務でないのか。服従は意志や選択によっては
行われないのか』」
ステップ1-5　各視点の「論拠」とその「根拠」（引用）を見つける
ステップ1-6　構成案（プラン）を完成させる
ステップ2　導入と結論の下書きを行う
ステップ3　清書しつつ展開部分を一気に書き上げる

ここでの〈反〉の機能は、「前提を疑う」ことにあります。〈合〉の機能は、「矛盾の解消・より大きな視点の獲得」にあります。ではディセルタシオンによって何を見ようとしているのでしょうか。

> まず問題は何かを突き止め、その問題に対して逆説を問い、異なる視点（逆説）として提示される問題を解決しよう、答えを出そうとする知的な営みと態度がディセルタシオンを書く作業であるとされている。
> 優れた結論は求められておらず、この型に沿って思考し「手順を踏んで結論を導き出せること」が評価の対象となっている。
> （『「論理的思考」の社会的構築』）

▼日本への示唆

細尾萌子（ほそおもえこ）・夏目達也（なつめたつや）・大場淳（おおばじゅん）の三氏が編著者を務めた『フランスのバカロレアにみる

論述型大学入試に向けた思考力・表現力の育成』の第13章「フランスの中等教育とバカロレア試験から何を学びとれるか」によると、バカロレア試験の、日本の大学入試への示唆は次の通りです。

一．「高校教育における大学入試の位置づけに関する問題」として、「日本の場合、フランスほどには大学入試の位置づけが明確になりにくい」

二．「バカロレアは国家資格であることを反映して、国が一律に最低水準の学力を保障できる」のに対して、「現在の日本では、大学がほぼ全入状態となったことから、入試による学生の学力水準の担保が困難となっている」（大学生の学力低下を指している——引用者注）

三．バカロレア試験は「主に論述試験と口述試験で実施される」のに対して、「日本の大学入試では選択式問題が中心である」

四．「試験の対象となる科目数の問題」として、「バカロレア試験の場合、基本的に高校で履修するほぼ全科目であるのに対して、日本の大学入試で出題される科目は、多くの場合、少数の特定教科のみである」

五.「バカロレア試験は高校の全教育課程が終了してから実施される」のに対して、「日本では、早い大学では高校3年の夏頃から入試が始まり、少なくない大学が年内に合否を通知する」(つまり「入試早期化」を指す——引用者注)

六.「試験の無償化」の問題として、「バカロレア試験が無償である」のに対して、日本の「国公立の二次試験や私立大学の入試では別途経費が必要である」(日本の大学入学共通テストの検定料は、3科目以上で1万8千円である——引用者注)。受験費用の「無償化・低額化は検討されてよい」

▼努力のあり方

中島さおり氏は、フランスの生徒たちの「努力」について次のように説明しました。

受験科目に限らず全ての勉強の平常点を評価されて高校進学が決まるフランスのシステム

フランスの高校生はよく勉強する。勉強しなくても受かるほどバカロレアは易しくないし、中間、期末試験というものもなく、絶えずある小試験の平常点がカウントされて、それが進学にも大きく影響するので気が抜けないのだ。

ほとんどすべての授業がバカロレアにつながっているので、受験科目に力を集中するために疎かにされる科目というものがない。

（いずれも『哲学する子どもたち』）

フランスでは、バカロレア試験と、バカロレア試験にカウントされるすべての科目の「絶えずある小試験」に重点が置かれ、中間・期末試験がありません。それに対して、日本では高校入試・大学入試と、中学校・高校での中間・期末試験に重点が置かれています。

日本社会において努力主義が根強いといえます。それに対してフランスで努力を重視しないかというと、決してそうではありません。

日本の努力主義は「やればできる」「頑張ればできる」型の努力主義であり、主要科目を中心に中間・期末試験や高校入試・大学入試といった節目に向けて集中的に努力する傾向が強いという特徴があります。他方でフランスでは、あらゆる科目の絶えずある小試験に向けてコツコツと努力する傾向が強いといえます。

つまり、日本社会もフランス社会も努力を重視する傾向に変わりはないものの、その努力のパターンが異なっていると考えられます。

▼能力主義／努力主義の二分法

これまで日本とアメリカ、日本とイギリス、日本とフランスを比較してきました。ここでの問題関心は「日本社会は努力を重視するといわれているが、他の社会では努力を重視しないのだろうか」という点にありました。そして、欧米の国々においても、日本とは異なる形で努力を重視する傾向にあることが分かりました。

それでは努力主義を見ていく際、どこに問題が潜んでいるのでしょうか。それは「メリトクラシー」という言葉を造語したマイケル・ヤング著『メリトクラシー』までさかのぼることができます。ヤングは、「知能＋努力＝メリット」という図式でこの問題に迫りました。知能は生まれながらの能力を表し、努力とは生まれた後にどれだけ努力したかを示すものと受け取られました。志水宏吉（しみずこうきち）氏は『学校文化の比較社会学』で日本は努力主義、イギリスは能力主義という図式を立て、苅谷剛彦（かりやたけひこ）氏は共著『教育の社会学』所収の論文「『学歴社会』の変貌と『格差』」で日本は「努力主義を基本においた社会」、イギリスは「能力主義を基本においた社会」と捉えたことはすでに述べた通りです。これまでの議論を通して、この二分法がかなりの程度で当てはまらないことが理解できました。

▼国際比較の枠組み

今後、努力主義の国際比較研究を進めるに当たって、アメリカの心理学者リチャード・E・ニスベットの著書『木を見る西洋人　森を見る東洋人』を参照したいと思います。日本、アメリカ、イギリス、フランスはどのような位置関係にあるのだろうかという視点が欠かせません。ニスベットは中間管理職を対象とした調査結果を紹介しています。

（a）企業とは、さまざまな職務や仕事を効率的にこなすためにつくられたシステムである。〔中略〕

（b）企業とは、人々が集まってともに働く集団である。〔中略〕

その結果、アメリカ人のおよそ七五％、カナダ人、オーストラリア人、イギリス人、オランダ人、スイス人の五〇％以上が（a）を選択したのに対し、日本人とシンガポール人で（a）を選択した人は約三分の一に過ぎなかった。ドイツ人、フランス人、イタリア人は、アジア人と、イギリス系および北ヨーロッパ系の人々との中間に位置していた。

ヨーロッパ大陸の人々の社会的態度や価値観が東アジア人とアングロ・アメリカ人の中間であったことにも見られる〔中略〕。

（『木を見る西洋人　森を見る東洋人』）

この分析結果に基づけば、日本とアメリカが両極に、その中間にフランスが位置しており、イギリスはアメリカとフランスの中間を占めることになります。

ニスベットによる分析図式はとても示唆に富んでいます。努力主義研究にも当てはまるかどうかについて、今後の課題にしたいと思います。

第七章　近未来の努力主義

最終章として今後の日本社会において努力主義はどのようになっていくかについて第一章から第六章までの知見を活かして論じます。具体的には競争およびＡＩ（人工知能）をテーマとします。

▼競争

日本社会は少子化に伴う人口減少が進んでいます。高校入試や大学入試において受験生が減少し、大学入試においては特に選り好みしなければどこかの大学にはすべり込める「大学全入時代」に突入しています。それに従って成績上位者の競争は相変わらず厳しいものの、成績下位者や中位者はそれほど「頑張らなく」とも合格できる傾向が強まっています。つまり、受験生を「頑張らせる」仕組みが作動しにくくなっています。

高度成長期からバブル期を経験している世代は、今日よりも明日の方が良くなっているという右肩上がりの日本経済を経験しているので、上を目指すことを当たり前だと考えています。本田由紀（ほんだゆき）氏によると、競争力ランキングにおける日本の順位は、（バブル期に当たる）１９９０年に1位、２０００年に21位、10年に27位、20年には34位にまで下落しています（『「日本」ってどんな国？』2021年）。バブル崩壊後しか経験していない世代は、生まれた時からすでに（物質的に）豊かな社会しか知らず、経済成長率もゼロ～数パーセントで推移しているため、あえて上を目指そうとは思わない傾向が強いのです。

近未来においては、前者の世代が減少し、後者の世代が増加することが見込まれます。後者は「スローライフ」を楽しみ、「頑張らない」傾向が持続する可能性が高いといえます。つまり、高度成長期と比較すると、努力主義の中身が変質しているのは確かです。

日本社会は同調主義、同調圧力が強いとされてきました。近年は特に多様性を重視すべきであるという声も高まっており、同調圧力批判が聞こえます。例えば、家族のあり方が多様化していて、ほとんどの人が結婚する皆婚社会が揺らぎ、生涯未婚の人や子どもを持たない夫婦が増え、さらにＬＧＢＴＱといった性的マイノリティーも徐々に受け入れられつつあります。多様化が進展すると、従来の一元的序列が通用しなくなり、社会の共通目標が失われることになります。

さらに、災害の後には努力主義が復活します。ただ、コロナ禍という災害後に日本社会全体に共通する目標は現れていないように見えます。

以上のように努力主義と関連が深い「競争」のあり方は、努力主義が抑制された現在の状況が、今後もそのまま続いていくのではないかと考えられます。

▼AIと努力主義

近年ＡＩ（人工知能）の普及が進んでいて、毎日のようにＡＩの話題がマスメディアをにぎわせています。ここでは短期的ではなく、やや長期的にＡＩと努力主義のすう勢について考えたいと思います。

多くの人がＡＩに職を奪われるのではないかと懸念しています。特にこれまで人間が担当してきたルーティンタスク（日常の仕事）がＡＩに取って代わられる可能性があります。この点については、人間が作業する場合のコストとＡＩが作業する場合のコストを比較して低い方が選択されるであろうことが予想されます。なぜならばＡＩには人件費はかからないものの、これを設備として導入するためのコストが当然生じるからです。

ＡＩが導入されると、上位者と下位者との間の格差が拡大するとしばしば主張されます。この点について経済学者の渡辺安虎（わたなべやすとら）氏は『世の中を知る、考える、変えていく』所収の論文「ＡＩによって未来の仕事はどうなるか？」で、

> スキルが高い人はその高いスキル自体をＡＩが自動化してしまうためＡＩから得られるものは少なく、むしろスキルが低い人でもＡＩの助けがあればスキルが高い人のように働くことができ、このような仕組みでＡＩによってスキルによる生産性の格差が縮められるのです。

と、ＡＩ導入によって格差が縮小する可能性を述べています。

老年医学を専門にしている藤原佳典（ふじわらよしのり）氏は『ＡＩはどのように社会を変えるか』所収の

論文「人工知能はどのように保健医療福祉活動を変えるか」で、例えば、がんの病理診断について「わが国の病理医はわずか2500人程度であり、〔中略〕AIが入ることで、病理医による診断を支援することができる」とAI導入により人手不足を解消できるというメリットを挙げています。

それでもAIでは代替できないことも、確かに存在するのです。

AIによる判定結果に対して、責任をもつのは医師であるので、入念な確認作業は不可欠である。

患者や家族に寄り添う医療が求められる認知症の医療・ケアには、AIでは代替できない「人間臭さ」が必要とされる。

（いずれも「人工知能はどのように保健医療福祉活動を変えるか」）

例えAIが導入されたとしても、最終判断をAIに委ねることは不可能であり、医師などの人間が最終判断をすることに今後も変わりありません。

テクノロジーが経済や社会に影響を与えることは、現代に始まったことではありません。例えば今から200年以上前になります。イギリスの産業革命期に、熟練の織物職人が機械（織機）に職が奪われることに反対するため、ラッダイト運動と呼ばれた機械破壊運動を起こしましたが、その後、織物工場で多数の労働者が雇用されるようになりました。テクノロジーにより新たな雇用が創出されたことになります。

現代のAI導入においても、このような過去の事例を参照する必要があります。AIの方が人間よりも効率的に作業できる仕事は、AIに任せることができます。これにより人間の労働の軽減が図られることは確かです。

AIに取って代わられる可能性が低い職業、ひと言で言うとクリエーティブな職業に就く人が今後増加する可能性があります。どのような職業に新たな雇用が生まれるかは近未来において焦点となるでしょう。そこから派生する問題を上手に解決できれば、雇用環境は改善し、「頑張り」過ぎによる長時間労働への歯止めとしても期待できるのではないでしょうか。ＡＩの普及に伴い、人間とＡＩとがどのように「共働」していけるのかを考慮に入れる必要があるでしょう。

ではＡＩが普及すると、人間は努力しなくなるのでしょうか。

努力しなくなった部分が、努力が求められる他の領域の別のところに振り分けられる可能性があります。あるいは努力しない・「頑張らなく」なる可能性があります。とはいえ、今後も「努力は必要ない」とする方向に日本社会はいかないと私は考えます。近未来において努力主義のあり方に大きな変化は現れないということです。というのも「頑張り」・努力主義は、私たち一人ひとりのアイデンティティに関わっているからです。一筋縄ではいかないのです。

あとがきに代えて

さまざまな学問の中から社会学を、中でも比較社会学に関心を持ったいきさつについて最後に書き記すことで、社会学と社会の関係を解き明かしたいと思います。

高校時代を過ごした横浜市の私立校で現代国語の副読本に掲載されていた和辻哲郎（わつじてつろう）の『風土』の抜粋を読んだことが、私と社会学の最初の接点でした。気候などの環境が人間の性格を形成し、環境が変われば性格も変わることが書かれていて心ひかれました。やがてこれが社会や文化の国際比較への関心に発展していきます。

母校となる京都大学の文学部を志願したのは、京都大学教養部教授だった米山俊直（よねやまとしなお）氏の著書『同時代の人類学』（ＮＨＫブックス、１９８１年）と、京都大学ヨーロッパ学術調査隊による桑原武夫（くわはらたけお）編『素顔のヨーロッパ』（朝日新聞社、１９６９年。78年刊行の朝日選書版を私は読みました）を繰り返し読んで感銘を受けたからです。文化人類学とフィールドワークに目を向けることになりました。ただ当時は、高校生にとって社会学という学問の存在は見えていませんでした。

1983（昭和58）年4月に京都大学文学部に入学しました。どの学部に在籍していようと、一回生・二回生（関西では一年生・二年生とは呼ばずに一回生・二回生と言います）は全員が教養部に所属し、一般教養を学ぶことになっていました。高校時代に読んでいた米山氏については一回生の時に「文化人類学」と演習「文化人類学ゼミナール」を受講しました。前者は綾部恒雄・大林太良・米山俊直編『文化人類学入門リーディングス』（アカデミア出版会、1981年）をテキストにし、後者は米山俊直・伊谷純一郎編『アフリカハンドブック』（講談社、1983年）を講読しました。文化人類学から社会学へ興味が移ったのは、二回生の時に教養部教授の作田啓一氏の演習「社会学ゼミナール」を受けたことが大きく影響しています。84年度のシラバスによると、本科目は「日本社会の特徴を他の社会との比較を通して検討する」という内容でした。

「社会学ゼミナール」は第1回から第3回までが作田氏の講義で、第4回以降は配布された参考文献一覧から受講生が一人一冊選んで文献紹介する形式を取っていました。あの時の講義ノートが私の手元に残っています。始めの3回分の講義には、日本社会論においては「比較」という作業が必要である。明治期以降、日本社会を西洋社会と比較することが多かった。最近ではアジアと比較する機会が多くなった。アジアとの比較も必要であるが、西洋社会との比較が無意味になったわけではない。日本とアジアは比較的似ているものの、西洋と日本とは根本的に異なっている。この「根本的に異なってい る」点が比較研究では大きなポイントのため、西洋との比較を優先することとする――と書かれています。

比較社会学の萌芽が私のなかに見て取れます。

ノートのメモは続きます。

比較研究のモデルとしてF・L・K・シュー著『比較文明社会論――クラン・カス

ト・クラブ・家元』（作田啓一・浜口恵俊訳、培風館、1971年）を取り上げた。シューは中間集団の組み合わせにより全体社会を論じるという方法を採用した。特に家族の比較がカギを握っている。なぜなら他の社会にも存在すると同時に、共通する面と異なる面の両方を持つものが比較しやすいため、家族は比較研究で格好の参照基準となり得る。社会学的には家族は夫婦関係と親子関係の組み合わせと見ることができる。日本と西洋との家族の比較をすると、家族において夫婦関係と親子関係のどちらが優位を占めるかという点では、日本は夫婦関係よりも親子関係が優位を占めるのに対して、西洋では親子関係よりも夫婦関係が優位を占める。この比較から日本社会の特徴が見えてくる——。

第4回以降の受講生による文献報告は、前半を学生が担当し、後半を作田氏が受け持ち解説をしました。私はその解説を聞くのが大きな楽しみでした。取り上げられた文献は中根千枝『タテ社会の人間関係』、木村敏『人と人との間』、森嶋通夫『続イギリスと日本』、R・N・ベラー『日本近代化と宗教倫理』、河合隼雄『母性社会日本の病理』、鈴木孝夫『ことばと文化』、九鬼周造『「いき」の構造』、南博『日本的自我』などでした。私が報告したのは『タテ社会の人間関係』でした。作田氏の中根千枝氏に対する評価が特に高かったと私は記憶しています。これらの文献から日本社会と諸外国とを比較する解説書が選ばれていると私は感じます。この「社会学ゼミナール」がきっかけになり、その後大学院で比較社会学研究を志すことになりました。

本書を執筆するに当たり、当時の講義ノートと参考文献一覧を見ていてあらためてそれに気づきました。それは間違いなく私自身の「初心」でした。「社会学ゼミナール」を私が受講した年度が、作田氏にとって京都大学を定年退官する年度に当たりました。最後の演習日にご自身の停年について話をまったくされずに教室を去って行かれたと私は記憶しています。先生に感謝の言葉をお伝えする機会はありませんでした。

京都大学文学部では三回生より専攻（研究室）に所属することになっていました。私は第一希望を社会学専攻にし、希望通りに社会学研究室に入りました。スタッフは中久郎教授（エミール・デュルケムを始めとする学説史研究）、宝月誠助教授（逸脱、特にレイベリング論研究）および助手二人の体制でした。

社会学研究室で一番したかったことは、ドイツの社会学者マックス・ウェーバーの著作を読むことでした。学部生と大学院生の有志が社会学の古典を読む読書会が開かれていました。最初は宗教社会学の古典であるウェーバー、デュルケーム、ゲオルグ・ジンメルなどの文献を輪読したように記憶しています。

ウェーバーは膨大な研究業績を残しました。特に有名なのは，1904＝05年に最初に発表された『プロテスタンティズムの倫理と資本主義の精神』（以下『プロ倫』と略します）です。近代資本主義は近代ヨーロッパで初めて成立しました。その成立に当たり、キリスト教のプロテスタンティズム（新教）、特にカルヴァンの「予定説」という教義が大きな要因であることをウェーバーは論証しようとしました。

予定説は「キリスト教神学において、人間は救われるか滅びるかがあらかじめ神の意志によって定められているとする説」のことをいいます。資本主義という経済体制の根幹に宗教が大きく関わっているとする斬新な発想に私は非常に驚きました。

ウェーバーは『プロ倫』以降、ヨーロッパ以外の地域についても研究の対象を広げていきました。ここで重要なのは、ウェーバー自身は、自分がドイツ人そしてヨーロッパ人であることを深く自覚していたことです。なぜヨーロッパにおいてのみ普遍的であると（彼自身が）考える現象、例えば近代科学や近代資本主義が生み出されたのかを彼は解明しようとしました。これは反対に、ヨーロッパ以外の地域（特に中国やインドを中心とするアジア）において近代科学や近代資本主義が生み出されなかったことを論証しなければならないことを意味します。ヨーロッパと非ヨーロッパ（あるいは非西洋）とを「比較」する作業が生じるわけです。

社会学が属する社会科学は自然科学とは違い、基本的に実験ができません。実験のための条件整備が困難だったり倫理上の問題が生じたりするからです。そこで「比較」が有効になります。

大学院時代を通じて、ウェーバーの問題と関心を受け継いだラインハルト・ベンディクスについて研究を進めました。彼はドイツ生まれのアメリカの社会学者でした。晩年の自伝『ベルリンからバークレーへ――ドイツ―ユダヤ人のアイデンティティ』（英語版、1986年）には、彼がユダヤ系ドイツ人であることを深く自覚していることがはっきりと現れていました。社会学者は自身のアイデンティティに基づいて比較研究することを理解しました。社会学の研究は自らの所属する社会を照らし、自分自身をも照らし出すということです。ウェーバーはドイツ人、ヨーロッパ人というアイデンティティに基づいて研究したわけです。

では私はどうするのか。どうしたらよいのか――。切実な問いを突き付けられました。京都大学大学院文学研究科に在籍しながら、同じ京都市内に設立された国際日本文化研究センター（日文研）で学ぶことになりました。

指導教員は教授の園田英弘(そのだひでひろ)氏でした。日本研究のエキスパートだった園田氏を通じて、欧米の社会学者の学説研究を考察するだけでは不十分で、日本に軸足を置いた比較研究を構想するべきだと痛感しました。私自身のアイデンティティに基づいた私独自の比較研究をしなければならないということです。

私自身のアイデンティティに基づいた私独自の比較研究……。考え抜いた末に「平等／不平等」という切り口にたどり着きました。社会階層研究を始めとして社会学では「平等／不平等」は重要なテーマです。先行研究を調べていくと、社会人類学者だった中根千枝氏の代表作『タテ社会の人間関係』の中で「能力平等観」という言葉が使われているのを発見しました。「やればできる」「頑張ればできる」という発想が日本社会に根強く、日本社会の大きな特徴でもあることに気づきました。

1997年、兵庫県宝塚市の甲子園大学人間文化学部比較文化学科に専任講師として赴任することになりました。同比較文化学科は専門分野を絞らずに広く「文化」について学ぶことを目標にしていたことから、私は「比較社会論」を担当しました。実際の内容は比較社会学です。日本社会と諸外国の社会とを比較する講義と研究に取り組みました。その過程で〈「頑張り」・努力主義の比較社会学〉に研究テーマを固めることができました。私自身のアイデンティティが、「頑張り」・努力主義と根っこの部分で結びついている日本人のアイデンティティ、日本社会のアイデンティティを逆に照射してくれました。人工知能全盛の時代が訪れ、日本人と日本社会のアイデンティティが揺らいだときこそ、かえって〈「頑張り」・努力主義の比較社会学〉は輝くに違いありません。

本書の内容については1997年度から甲子園大学人間文化学部比較文化学科（後に改組されて人文学部社会文化学科になりました）で、また2013年度以降は帝京大学文学部社会学科で講義したことを基にしています。16年には研究成果の一部を『がんばること／がんばらないことの社会学――努力主義のゆくえ』（ハーベスト社）にまとめ刊行しました。

私の講義を受講した学生たち、私の研究を支え見守ってくださった恩師、先輩、同僚のみなさまに深くお礼申し上げます。本書執筆の機会を与えてくださった帝京大学理事長・学長の冲永佳史、帝京大学出版会代表の岡田和幸の両氏、そして企画の段階からサポートしていただいた帝京新書編集長の谷俊宏氏に感謝申し上げます。帝京大学の「建学の精神」は「努力をすべての基とし……」から始まります。帝京新書のシリーズに努力主義に関する私の一冊が名を連ねられるのはとても幸運なことです。

二〇二三年一〇月

大川清丈

主な参考図書

アーヴィング・ゴフマン（中河伸俊・小島奈名子訳）『日常生活における自己呈示』ちくま学芸文庫、2023年
アーヴィング・ゴッフマン（浅野敏夫訳）『儀礼としての相互行為』新訳版、法政大学出版局、2012年
天沼香『「頑張り」の構造——日本人の行動原理』吉川弘文館、1987年
天沼香『日本人はなぜ頑張るのか——その歴史・民族性・人間関係』第三書館、2004年
池田清彦・土井隆義ほか著『親ガチャという病』宝島社新書、2022年
内田由紀子『これからの幸福について——文化的幸福観のすすめ』新曜社、2020年
大川清丈『がんばること／がんばらないことの社会学——努力主義のゆくえ』ハーベスト社、2016年
鎌田實『がんばらない』集英社、2000年
北山忍『自己と感情——文化心理学による問いかけ』共立出版、1998年
キャロル・S・ドゥエック、アリソン・マスター（中谷素之訳）「自己調整学習を動機づける知能観」（ディル・H・シャンク、バリー・J・ジマーマン編著（塚野州一編訳）『自己調整学習と動機づけ』北大路書房・2009年に所収）
キャロル・S・ドゥエック（今西泰子訳）『マインドセット——「やればできる！」の研究』草思社、

2016年
佐伯啓思「異論のススメ――失敗重ねた『改革狂の時代』 平成の30年を振り返る」2019年1月11日朝日新聞朝刊
佐藤俊樹「『新中間大衆』から20年――『がんばる』基盤の消滅」『中央公論』第115巻第6号、2000年
サミュエル・スマイルズ（中村正直訳）『西国立志編』講談社学術文庫、1981年
中島さおり『哲学する子どもたち――バカロレアの国フランスの教育事情』河出書房新社、2016年
藤原佳典「人工知能はどのように保健医療福祉活動を変えるか――現場の視点から」（佐藤嘉倫・稲葉陽二・藤原佳典編『AIはどのように社会を変えるか――ソーシャル・キャピタルと格差の視点から』東京大学出版会・2022年に所収）
マイケル・ヤング（窪田鎮夫・山元卯一郎訳）『メリトクラシー』講談社エディトリアル、2021年
増田貴彦・山岸俊男『文化心理学――心がつくる文化、文化がつくる心』上、培風館、2010年
渡邉雅子『「論理的思考」の社会的構築――フランスの思考表現スタイルと言葉の教育』岩波書店、2021年
渡邉安虎「AIによって未来の仕事はどうなるか?――テクノロジーを経済学から考える」（飯田高・近藤絢子・砂原庸介・丸山里美編『世の中を知る、考える、変えていく――高校生からの社会科学

講義』有斐閣・2023年に所収）

大川　清丈（おおかわ・きよたけ）
帝京大学文学部社会学科教授。社会学者。1964年東京都生まれ。京都大学文学部哲学科卒。同大学大学院文学研究科博士後期課程単位取得満期退学。専門は比較社会学、歴史社会学。甲子園大学人間文化学部（のちに人文学部）の専任講師・同准教授を経て、帝京大学文学部社会学科の准教授に就いた。2019年4月より現職。単著に『がんばること／がんばらないことの社会学：努力主義のゆくえ』（ハーベスト社）、共著に『日本の社会と文化（社会学ベーシックス 第10巻）』（世界思想社）などがある。

帝京新書003

「頑張る」「頑張れ」はどこへいく
—努力主義の明暗—

2023年12月10日　初版第１刷発行

著　者　大川清丈
発行者　岡田和幸
発行所　帝京大学出版会（株式会社 帝京サービス内）
〒173-0002　東京都板橋区稲荷台10-7
帝京大学 大学棟３号館
電話 03-3964-0121
発　売　星雲社（共同出版社・流通責任出版社）
〒112-0005　東京都文京区水道1-3-30
電話 03-3868-3275
FAX 03-3868-6588
企画・構成・編集　谷俊宏（帝京大学出版会）
印刷・製本　精文堂印刷株式会社

©Teikyo University Press 2023　Printed in Japan
ISBN：978-4-43433188-6
無断転載を禁じます。落丁・乱丁本はお取り換えします。

帝京新書創刊のことば

日本国憲法は「すべて国民は、個人として尊重される」（第十三条）とうたっています。帝京大学の教育理念である「自分流」は、この日本国憲法に連なっています。

自分の生まれ持った個性を尊重し最大限に生かすというのが、私たちの定義する「自分流」です。個性の伸長は生得的な条件や家庭・社会の環境、国家的な制約や国際状況にもちろん左右されます。それでも〈知識と技術〉を習得することにより、個性の力は十分に発揮されることになるはずです。「帝京新書」は、個性の土台となる読者の〈知識と技術〉の習得について支援したいと願っています。

グローバル化が急激に進んだ二十一世紀は、単独の〈知識と技術〉では解決の難しい諸問題が山積しています。国連の持続可能な開発目標（ＳＤＧｓ）を挙げるまでもなく、気候変動から貧困、ジェンダー、平和に至るまで問題は深刻化かつ複雑化しています。だからこそ私たちは産学官連携や社会連携を国内外で推し進め、自らの教育・研究成果を通じて諸問題の解決に寄与したいと取り組んできました。「帝京新書」のシリーズ創刊もそうした連携の一つです。

帝京大学は二〇二六年に創立六十周年を迎えます。

創立以来、私たちは教育において「実学」「国際性」「開放性」の三つに重きを置いてきました。「実学」は実践を通して身につける論理的思考のことです。「国際性」は学習・体験を通した異文化理解のことです。そして「開放性」は〈知識と技術〉に対する幅広い学びを指します。このうちどれが欠けても「自分流」は成就しません。併せて、解決の難しい諸問題を追究することはできません。「帝京新書」にとってもこれら三つは揺るぎない礎です。

大学創立者で初代学長の冲永荘一は開校前に全国を回り、共に学び新しい大学を共に創造する学生・仲間を募りたいと訴えました。今、私たちもそれに倣い、共に読み共に考え共に創る読者・仲間を募りたいと思います。

二〇二三年十二月

帝京大学理事長・学長　冲永佳史